Erich Jooß
Nierentisch mit Weihnachtsstern

Erich Jooss

Nierentisch mit Weihnachtsstern

Weihnachten
in den 50er Jahren

FREIBURG · BASEL · WIEN

Für Therese
in großer Dankbarkeit

Gedruckt auf umweltfreundlichem, chlorfrei gebleichtem Papier

Originalausgabe

Alle Rechte vorbehalten – Printed in Germany
© Verlag Herder Freiburg im Breisgau 2007
www.herder.de
Herstellung: fgb freiburger graphische betriebe 2007
www.fgb.de
Satz: Layoutsatz Kendlinger
Umschlagkonzeption und -gestaltung:
Groothuis, Lohfert, Consorten | glcons.de
Umschlagmotiv: © akg-images/Gardi
ISBN: 978-3-451-29733-5

Inhalt

Unter der Oberfläche *7*
Die kleinen und die großen Geschenke *18*
Schmutz und Schund? *26*
„Schluss mit Weihnachten!" *33*
Ein Lehrling feiert Weihnachten *44*
Weihnachten in der Provinz –
und wie es sich allmählich veränderte *57*
Viele Fragen und eine jüdische Kindheit
mit Adventskranz und Krippenspiel *76*
Die geteilte Welt *92*
Weihnachten von A bis Z *126*
Alles wird neu *138*

Literatur *156*
Quellenverzeichnis *157*

Unter der Oberfläche

Kaum ein Jahrzehnt ist mit so vielen Schlagworten bedacht worden wie jenes zwischen 1950 und 1960. Auf den ersten Blick schien dies eine ruhige, fast idyllische Zeit gewesen zu sein. Ein Wahlslogan der Regierungspartei CDU/CSU, die dieser Epoche mit ihrer Politik den Stempel aufdrückte, kam offensichtlich dem Hauptwunsch der Bevölkerung am nächsten: »Keine Experimente.«

Dafür stand der machtbewusste Alte von Rhöndorf, der sich gerne als Rosenzüchter porträtieren ließ. Er führte die Bonner Republik in ihren Anfangsjahren patriarchalisch-streng und erfüllte als Kanzler die vordemokratische Sehnsucht der Bürger nach einer Vaterfigur. Gleichzeitig gelang ihm jedoch mit der Hinwendung zum Westen eine radikale Neuorientierung der deutschen Politik. Neutralität war seine Sache nicht. Adenauer wusste nur zu gut, dass das größere Restdeutschland starke Bündnispartner brauchte, damit es prosperieren konnte.

War das wirklich eine so friedliche und entspannte Zeit, wie viele im Rückblick meinten? Eine Welt aus Watte, eine bieder-provinzielle, ja sogar bleierne Welt? Die Zeitungen jener Jahre sprechen freilich in ihren politischen Leitartikeln eine ganz andere Sprache, und wer die großen, vom Rundfunk übertragenen Bundestagsdebatten über die Wiederbewaffnung und den NATO-Beitritt unseres Landes noch im Ohr hat, wird die heutigen politischen Diskurse eher als langweilig und temperamentlos empfinden. Damals wurde noch nichts medial geglättet, leidenschaftlich prallten die Meinungen aufeinander und die messerscharfen Stimmen der Redner überschlugen sich vor Erregung. Manches dabei klang mehr nach der Weimarer als nach der Bonner Republik. Für alle, die hören konnten, wies es zurück in eine frühere, pathetisch aufgeladene Zeit und offenbarte ein unversöhnliches Lagerdenken. Das machten besonders die Ostermärsche und die Kundgebungen am Ersten Mai deutlich. Noch war es ein weiter Weg bis zum Godesberger Programm der SPD im Jahr 1959, bis zur Annäherung sozialdemokratischer und bürgerlicher Positionen.

Unter der gemütlichen Oberfläche gärte es. Der Schein trog in den fünfziger Jahren. Natürlich hatte der Wiederaufbau des zerstörten Landes Vorrang vor allem anderen. Zuerst mussten die materiellen Lebensgrundlagen gesichert werden. Angesichts dessen wird jede verklärungssüchtige Erinnerung fragwürdig. Die Beseitigung der Kriegsfolgen beanspruchte alle Kräfte und geschah keineswegs von heute auf morgen. Damals galt die 48-Stunden-Woche. Am Samstag wurde in der Regel bis zum Mittagsläuten gearbeitet, und der gesetzliche Jahresurlaub mit Lohnfortzahlung betrug 1954 gerade zwölf Arbeitstage. Fahrten ins Blaue fanden, wenn überhaupt, nur an den Sonntagen statt. Die überall entstehenden Campingplätze wurden als das Nonplusultra der noch längst nicht erfundenen Freizeitindustrie angepriesen, und wer weniger Geld besaß – das waren fast alle –, verbrachte seine karge Freizeit, sofern es das Wetter zuließ, im Liegestuhl auf Balkonien. Erst am Ende der fünfziger Jahre wurde aus Italien das nicht mehr nur erträumte, sondern tatsächlich bereiste Lieblingsland der Deutschen. Erst jetzt mutierte die Adria-Küste zum Teutonen-Grill.

Das Wirtschaftswunder setzte zögerlich ein; dann aber spürten alle, dass ein Ruck durch das Land ging. 1950 wurden die Lebensmittelkarten abgeschafft und 1955 war die Vollbeschäftigung erreicht, von der wir am Anfang des dritten Jahrtausends bloß noch träumen können. Diese wirtschaftliche Leistung, die mit dem Namen Ludwig Erhard verbunden bleibt, ist umso höher zu veranschlagen, da in der Bundesrepublik fast zwölf Millionen Flüchtlinge aufgenommen werden mussten. Die Neuankömmlinge veränderten die jahrhundertelang gewachsene Struktur der Gesellschaft, ihre konfessionelle Zusammensetzung und ihr regional gebundenes Selbstbewusstsein. Das Grenzdurchgangslager (was für eine bürokratische Wortschöpfung!), Friedberg, dessen Glocke an Weihnachten über den Äther tönte, wurde zum Symbol für die Integration der Heimatvertriebenen. Schon bald gesellten sich die Flüchtlinge aus der DDR hinzu. Bis zum Mauerbau am 13. August 1961 hatten mehr als zwei Millionen Menschen das Land des Einheitssozialismus verlassen, wahrhaftig eine Abstimmung mit den Füßen ...

Der Preis des Zuzugs – und der Kriegszerstörungen – war eine bedrückende Wohnungsnot. So entstanden rasch geplante und hochgezogene Trabantenstädte mit Betonsilos, aber auch Siedlungen auf der grünen Wiese. Ihre kleinen Häuschen hatten häufig einen Anbau: keine Garage – weshalb auch? –, sondern einen Stall für das Hühnervolk oder für die Kaninchen. Noch erwies sich die Selbstversorgung als (über-)lebensnotwendig; noch wuchsen Kartoffeln, wo später Blumenbeete angelegt wurden und die zweckfreie

Schönheit triumphierte. Das Abklauben der Kartoffelkäfer gehört zu den Kindheitserinnerungen, die untrennbar verbunden sind mit den fünfziger Jahren. Für alle Mühsal entschädigten dann die Kartoffelfeuer im Herbst.

Der erste Wohlstand wurde mit Ratenzahlungen erworben – meist im Vertrauen darauf, dass die Löhne steigen würden. Plötzlich standen vor den Haustüren seltsame Autos, die eher wie umgebaute Motorräder aussahen. Sie hatten Karosserien aus Holz oder Kunststoff. Spötter nannten sie deshalb Leukoplastbomber. Die vierrädrige Isetta von BMW besaß eine Tür, die nach vorne aufging. An dieser Tür hing – fast futuristisch anmutend – das Lenkrad mit dem Armaturenbrett. Der Produktionsstopp für die Isetta, die mit zwölf Pferdestärken ausgestattet war, kam erst im Jahr 1962 und wirkte – weit über den banalen Anlass hinaus – wie ein Abgesang auf eine zu Ende gehende Epoche. Noch futuristischer mutete der sogenannte Kabinenroller von Messerschmitt an – ein Dreirad, dessen Haube für den Einstieg nach oben geöffnet werden musste. Dagegen erweckte das Goggomobil mit vier Rädern und einer Kinderbank bereits den Eindruck eines richtigen Autos. Die fünfziger Jahre sind die Hochzeit der Lilliputautos, obwohl man damals auch schon große, den Amerikanern abgeschaute Wagen zu bauen verstand. Vor manchem neu errichteten Bungalow parkte bereits eine windschnittige Isabella von Borgward oder ein Ford Taunus mit Heckflossen, der auf eine rührende Art die Straßenkreuzer aus Übersee imitierte. Stolze Besitzer solcher Autos mussten freilich ihre Geschwindigkeit öfters drosseln, als ihnen lieb war. Dazu zwangen sie die noch überall vorhandenen Kopfsteinpflaster und vor allem die gemächlichen Ochsengespanne, die damals ganz selbstverständlich zum Straßenbild gehörten. Zahlreiche Fotos dokumentieren diese Begegnungen zwischen der alten und der neuen Zeit.

Während der fünfziger Jahre wurden die Nächte immer heller – wenn auch nicht so hell wie heutzutage, wo über den großen Städten selbst die Sterne verblassen. Mitte der fünfziger Jahre hielt die Leuchtreklame Einzug in die Geschäftsstraßen. Überall funkelten jetzt ihre tollkühn geschwungenen Schriftzüge. Für uns Kinder war das eine optische Sensation. Erst später wurde uns bewusst, dass wir auch Zeugen anderer Sensationen gewesen waren. So erlebten wir den Triumph der Kunststoffe, von den Nylonstrümpfen und Perlonkleidern bis zu den Kugelschreibern. Letztere hatten es uns besonders angetan, weil sie die Federhalter und damit jene schrecklichen Auf- und Abstriche überflüssig machten, die von den Lehrern pedantisch genau kontrolliert wurden. Selbst das Essgeschirr bestand auf einmal aus Plastik. Mit den Kunststoffen begann sich die Welt ringsum zu verändern. Sie wurde, so schien es uns, bunter, fröhlicher und pflegeleichter. Als wir die ersten Hula-Hoop-Reifen kreisen ließen, tat dies fast jeder im Land, Jung und Alt verfiel dem neuesten Modefieber.

Kunststoffe, wohin man blickte: Sogar die Stühle überzog man mit Plastik, das in der Sommerhitze unangenehm an der Haut kleben blieb. Die Küchenablagen hatten jetzt eine wasserfeste Resopal-Oberfläche. Alles war auf Funktionalität ausgerichtet, auch die Schleiflackschränke. Oder doch nicht alles? Auf einmal gab es asymmetrische Nierentische ohne Ecken, dafür mit schräg ausgestellten Spinnenbeinen, und es gab Tütenlampen, deren Schirmchen aus Ölpapier bestanden. Beides wurde zum Synonym einer Zeit, ohne wirklich repräsentativ gewesen zu sein. Weitaus häufiger bevorzugten die Kunden nämlich Möbel im »Gelsenkirchener Barock«. Anstatt für die nüchterne Klarheit entschieden sie sich für den Überschwang der Formen, der den neuen, erst beginnenden Wohlstand anzeigen sollte. So bevölkerten plötzlich gewaltige Radio- und Phonotruhen die Wohnzimmer, gefolgt von ebenso großen Fernsehmöbeln. Das integrierte Barfach in der Schrankwand machte mehr Eindruck als alle Bücher. Die gerade überwundene Armut aber war noch in der Camouflage anwesend. Denn das billigere Imitat musste das Original ersetzen: Kunststofffliesen und künstliche Holzdekore bestimmten das Bild der Wohnungen in den fünfziger Jahren.

Wie eigentlich wurde in dieser Zeit das Weihnachtsfest gefeiert? Bei der Durchsicht zeitgenössischer Fotos fallen zunächst die traditionellen Arrangements auf: Der geschmückte Baum stand im Hintergrund, manchmal wurde er auch als Zugeständnis an die kleinteiligen Räume auf den Ess- oder auf den Nähmaschinentisch gestellt. Davor gruppierte sich die Familie, zu der noch drei Generationen gehörten: in der Mitte die Großeltern mit allen Attributen des Alters und der Würde, rundherum ihre Kinder und davor die Enkel. Das waren noch richtige Familientreffen mit verborgenen Konflikten und Tragödien, die manchmal während der Feier aus den Anwesenden herausbrachen. Gleichzeitig suggerieren die Fotos aber auch einen Zusammenhalt, der sich erst im nachfolgenden Zeitalter der Kleinfamilien, der Trennungen und Scheidungen aufzulösen beginnt. Nur selten sind diese Bilder koloriert, ihr Schwarz-Weiß mutet für heutige Augen eher düster und resignativ an.

Daneben stoßen wir noch auf einen ganz anderen Bildtypus: Dort fehlt der Vater. Nur die Mutter, oft gemeinsam mit der Großmutter, legt ihre Arme schützend um die Kinder. Stand der Vater hinter dem Apparat oder ist er im Krieg, in Gefangenschaft geblieben? Die Bilder geben darauf keine Antwort. Aus Untersuchungen wissen wir freilich, dass unzählige Kinder während der fünfziger Jahre vaterlos aufwuchsen. Und viele Kinder, die ihre Väter noch hatten, blieben trotzdem auf eine bestürzende Art vaterlos. Doch das ist eine andere Geschichte ...

Der allmählich einsetzende Wohlstand prägte auch die Wunschzettel, die schon Wochen vor Weihnachten geschrieben wurden. Damals eröffneten die Versandfirmen einen neuen Markt. Ihre Galionsfigur war der Dressurreiter Neckermann, der es verstand, aus Luxusgütern Gebrauchsgüter für alle zu machen. Die Konsumdemokratie eroberte die Haushalte (und die Seelen der Menschen). Biedere Sessel verlockten nun als »Cocktailsessel« zum Kauf und der Handstaubsauger stand wahlweise in der lackierten oder in der verchromten Ausführung ganz oben auf der Wunschliste. Anstelle der Holzroller, die ausgedient hatten, entdeckten die Kinder zu ihrer Freude Tretroller mit Luftbereifung und Stahlrohrrahmen unter dem Weihnachtsbaum. Die Heranwachsenden aber sparten auf Mopeds, die anfangs noch Motorfahrräder genannt wurden, oder auf einen eleganten Motorroller im italienischen Vespa-Design. Da kündigte sich bereits ein neues (Selbst-)Bewusstsein der Jugendlichen an, das später zum Kennzeichen der fünfziger Jahre werden sollte.

Kurz vor Weihnachten kam 1955 der Streifen »Saat der Gewalt« in die Lichtspieltheater, wie die Kinos etwas hochtrabend genannt wurden. Der Film begann mit Bill Haley und seinen Comets. Sie spielten die Hymne ihrer Zeit: »Rock around the clock«. Damals wirkte das wie eine »Explosion« (Rainer Eisfeld). Gegen den Schmalz der Erwachsenen setzte sich eine neue, aggressive Musik durch, die von Krawallen begleitet wurde. Halbstarke lehrten plötzlich ihre autoritären Erzieher das Fürchten. Die zornigen jungen Männer (nach einem Theaterstück von John Osborne) zogen Nietenhosen an statt Knickerbocker, sie mieden die Milchbars der Angepassten und Braven und wählten Elvis Presley oder James Dean zum Vorbild, jeder von ihnen ein Bürgerschreck, der das atemlose Leben verkörperte. Diese Jugendlichen lieferten der Polizei Saalschlachten oder tobten sich auf den Rummelplätzen aus, wo ihre fetzigen Songs als Anheizer willkommen waren. Die patriarchalisch so fest gefügte Welt der Eltern zeigte erste Risse. Merkten die Heranwachsenden, dass sie vom Leben ferngehalten wurden, weil sie möglichst bald funktionieren sollten? Die Wohlstandswelt mit ihren falschen Versprechungen schien sie nicht (mehr) zu reizen, sie litten unter der Langeweile und den vorgestanzten Lebensmustern. Unbewusst spürten die Jugendlichen bei ihren Eltern wohl auch jene »Unfähigkeit zu trauern«, von der Alexander und Margarete Mitscherlich im Rückblick auf die fünfziger Jahre sprachen. Schließlich war dies eine Zeit der Verdrängung gewesen, in der die Erinnerung an das furchtbare Unrecht des »Tausendjährigen Reiches« auf Pflichtveranstaltungen beschränkt blieb.

Das alles fand erst viel später – in den Studentenunruhen des Jahres 1968 – eine Sprache. Während der fünfziger

Jahre blieb es noch sprachlos, und so ist diese Sprachlosigkeit die wohl prägnanteste Signatur der Zeit geblieben. Das gilt selbst für die Art, wie Weihnachten gefeiert wurde. Versucht man sie anhand von zeitgenössischen Quellen, vor allem Zeitungsberichten, zu rekonstruieren, drängt sich der Eindruck auf, damals habe sich nicht viel verändert. Alles sei wie immer gewesen: Weihnachten als Rührstück ohne Schatten, als sentimentales Familienfest, das die umstürzlerische Kraft des christlichen Glaubens zähmte und die Lebenslasten und Lebenslügen hinter dem Glanz des Lichterbaumes verschwinden ließ. Doch war es wirklich so? Die Zeugnisse aus dieser Epoche ermöglichen uns einen anderen, differenzierteren Blick. Deshalb sollen im Mittelpunkt der folgenden Kapitel Erinnerungen und Texte stehen, die etwas von der Atmosphäre der fünfziger Jahre, von ihren Hoffnungen und ihren Ängsten verraten. Weihnachten, wie es damals war – oder wie es gewesen sein könnte! Manchmal erscheint uns dieses Weihnachten sehr vertraut, manchmal dagegen sehr fremd, als würde es sich hinter einer Milchglasscheibe abspielen, und manchmal wirkt es auch sehr verstörend und schockierend. Aber gerade dann könnte uns das biblische Weihnachten vor zweitausend Jahren ganz nahe sein. Dann wäre es mehr als nur eine Folie für unsere Sentimentalität . . .

Die kleinen und die großen Geschenke

Weihnachten ist immer schon ein Fest der Freude gewesen. Folgt man dem Evangelisten Lukas, so wurde die Ankunft des Retters von den Engeln im Himmel und den Hirten auf der Erde gefeiert. Seitdem feiern auch wir das Geburtsfest Christi und teilen unsere Freude darüber mit anderen Menschen.

Deshalb lag es nahe, dass an Weihnachten Geschenke gemacht wurden, zunächst nur den Kindern, später auch zwischen den Erwachsenen. Die Tradition des Schenkens reicht dabei weit zurück und ist stets den Möglichkeiten und Bedürfnissen der jeweiligen Zeit gefolgt. Am Anfang der fünfziger Jahre waren diese Möglichkeiten noch sehr eingeschränkt. Für den weihnachtlichen Gabentisch kamen vor allem die notwendigen und nützlichen Dinge in Frage. Das lässt sich an den noch spärlichen, meist sehr kleinen Anzeigen in den Zeitungen ablesen, wobei deren Anzeigenteil parallel zur erstarkenden Wirtschaftskraft zunahm. Damals wurde beispielsweise für »fix und fertig gemischte Kaffeemittel« geworben oder für Kaffeezusätze wie den »König-Ludwig-Feigenkaffee«. Über einer Anzeige stand im betulichen Stil der frühen fünfziger Jahre »Herzerfreuende Geschenke«, womit

Strumpfwaren wie »Nylonstrümpfe mit Zierfersen« oder Damen- und Herrenhandschuhe sowie Taschentücher gemeint waren.

In dieser Zeit der Bescheidenheit wurde mit »soliden Preisen« und »zuverlässiger Bedienung« geworben, doch es gab auch schon die ersten Hinweise auf »angenehme Teilzahlungen«. Knaben durften sich, wenn sie noch klein waren, an Weihnachten über neue »Keilhosen« freuen, die größeren über Cordhosen oder »Knickerbocker«, die es so ähnlich bereits während der zwanziger und dreißiger Jahre gegeben hatte. Immer wieder erfolgte – fast gebetsmühlenhaft – die Mahnung, in der Festtagsfreude die vom Glück Benachteiligten nicht zu vergessen. Einsamkeit ist keine Erfindung unserer Zeit. Angesichts vieler Heimkehrerschicksale und der vom Krieg auseinandergerissenen und zerstörten Familien dürfte sie damals sogar noch häufiger gewesen sein als heute. Auf diesem Hintergrund lässt sich auch die sehr zeittypische Aufforderung eines Wochenblattes besser einordnen: »Nachbarn holen den alten einsamen Mann nebenan oder das alleinstehende Fräulein im Mansardenzimmer zur geeigneten Stunde in die eigene Familie.«

Überhaupt hat man sich in den fünfziger Jahren nicht lange mit sprachlichen Feinheiten aufgehalten und lieber den direkten Weg der Belehrung gewählt. Während der Adventszeit wimmelte es darum in Zeitungen und Illustrierten von gut gemeinten Ratschlägen, die oft kaum getarnte Anweisungen waren. Die immer noch autoritätsgläubigen Leserinnen und Leser nahmen keinen Anstoß an dieser direktiven Art zu schreiben. So kam wohl auch der nachstehende Artikel mit der bezeichnenden Überschrift »Eine Waschmaschine unter dem Christbaum« zustande. Er stammt aus dem Jahr 1959, also bereits aus einer Zeit des Überflusses. Aber noch wird die Anschaffung einer Waschmaschine eher für eine größere – kinderreiche – Familie als sinnvoll empfohlen. Die neue, anspruchsvolle Warenwelt prägt jedoch bereits den weihnachtlichen Wunschzettel der Erwachsenen. In dieser Situation unternimmt die wohlmeinende Autorin (oder ist es doch ein Autor, der sich hinter den Initialen L. Fr. versteckt?) den Versuch, zwischen den nützlichen Dingen einerseits und den kleinen Dingen andererseits, die allein der Freude und der Freundschaft dienen, zu unterscheiden. Warum, so wird räsoniert, sollte man die aufwendigeren Anschaffungen für den Haushalt nicht dann tätigen, wenn sie erforderlich sind, statt an Weihnachten? Das wäre im Sinne eines »gleichmäßigen Geschäftsganges« und würde eine »vierwöchentlich überhitzte Konjunktur« vermeiden helfen. Vor allem könnte so dem Weihnachtsfest sein ursprünglicher Sinn zurückgegeben werden. Noch ahnt die Schreiberin (der Schreiber) des Artikels nicht, dass die Vorweihnachtszeit bald über den Advent hinausreichen und eines nicht mehr fernen Tages schon Mitte Oktober beginnen wird. Der Kommerz hat eigene Regeln. Seine oft abstrusen Zwänge lassen sich mit dem christlichen Charakter von Weihnachten nur schwer verbinden. Heute wissen wir das, damals musste man es erst lernen. Wer diese Zwänge abschaffen und Weihnachten entkommerzialisieren will, lässt sich, wie Don Quichotte, auf einen Kampf gegen Windmühlenflügel ein.

Eine Waschmaschine unter dem Christbaum

Wieder sind die Reklamechefs der Firmen und Kaufhäuser voll Tatendrang. Das »Weihnachtsgeschäft« soll den Firmen gesteigerte Umsätze und den Familien große Freude, meist auf Ratenzahlung, bringen. Alles gekoppelt mit der Feier der Geburt unseres Herrn Jesus Christus.

Wir sind weder gegen die Wirtschaft, in Notfällen auch nicht gegen Ratenzahlung, noch gegen das weihnachtliche Schenken. Es ist eigentlich ein schöner Gedanke, am Fest der Geburt Christi, da die »Güte und Menschenfreundlichkeit« erschienen ist, anderen Zeichen des Wohlwollens zu geben und ihnen kleine freundliche Überraschungen zu bereiten. Nur soll man Dinge, die auf verschiedenen Ebenen liegen, nicht miteinander vermengen. Es mag für eine größere Familie gewiss gut sein, wenn eine Waschmaschine oder andere Haushaltseinrichtungen zur Arbeitserleichterung der Hausfrau angeschafft werden. Das hat etwas mit rationellerer Haushaltsführung zu tun, aber nicht mit der Menschwerdung Christi.

Wohl vier Fünftel aller »Geschenke«, die zu Weihnachten angeschafft werden, von der Unterwäsche bis zum Pelzmantel und vom Küchenlöffel bis zur Kühltruhe, sind notwendige oder nützliche Dinge des täglichen Lebens, deren Ankauf auch sonst geschehen würde, nun aber mit dem Geburtstagsfest Christi verbunden wird. Damit werden die

Bedürfnisse des Lebens und die »Verpflichtung« zum weihnachtlichen Schenken auf einmal erledigt.

Unser Vorschlag geht dahin, die wichtigen und nützlichen Dinge für den Haushalt dann anzuschaffen, wenn sie benötigt werden oder wenn Geld vorhanden ist, und sie nicht als Weihnachtsüberraschung zu tarnen. Das lästige Umtauschen nach Weihnachten fiele dann weg. Als Gabe für Weihnachten sollte man nur kleine Dinge auswählen, die allein der Freude dienen. Dabei möge man sich in die geistige und charakterliche Eigenart dessen hineindenken, dem man eine kleine Weihnachtsfreude bereiten möchte.

Gegenstände, deren Kostbarkeit und Preislage beim Beschenkten Gefühle des Unbehagens und der Beschämtheit auslösen, sind keine Weihnachtsgaben und haben mit der Geburt Christi nichts gemein. Die Wirtschaft und die Kaufhäuser hätten gegen eine solche Regelung kaum etwas einzuwenden, da sie ja den Vorteil eines gleichmäßigen Geschäftsganges gegenüber einer vierwöchentlichen überhitzten Konjunktur eintauschen. Das Geburtsfest des Herrn aber würde zum größten Teil aus dem Geschäftsbereich herausgelöst. Wir könnten uns in größerer Ruhe auf Weihnachten vorbereiten und der Heilige Abend wäre frei von peinlichen Überraschungen.

Für uns Kinder – daran erinnere ich mich noch lebhaft – war der Waschtag jedes Mal ein Schreckenstag gewesen.

Wenn wir uns stritten oder wenn es zu laut wurde, stürzte die Mutter aus der Waschküche. Ihr Kopf war rot vom Wasserdampf, während sie uns mit dem Kochlöffel zähmte. Deshalb hätte sich in unserer Familie niemand zu der Überlegung verstiegen, ob eine Waschmaschine tatsächlich unter den Christbaum gehört. Als sie endlich gekauft wurde, atmeten wir auf – die Mutter eingeschlossen – und spürten erleichtert, dass »Güte und Menschenfreundlichkeit« durchaus von Haushaltsgeräten abhängen können. Im Übrigen waren Anschaffungen auf Ratenzahlungen 1959 in den meisten Familien bereits Normalität und nicht bloß den »Notfällen« vorbehalten.

Allerdings: Die Geschenke für Kinder erreichten finanziell noch nicht solche Dimensionen wie heute. Während des Jahres freuten wir uns schon, wenn wir beim Kolonialwarenhändler oder beim Bäcker für zehn, später zwanzig Pfennig eine Wundertüte von Heinerle kaufen durften. Dann fingerten wir so lange an der Tüte herum, bis wir ganz genau wussten, was sie enthielt. Meistens täuschten wir uns trotzdem. Statt eines Elefanten hielten wir dann ein Nilpferd in der Hand, von dem bereits drei Exemplare in unserem kleinen Plastikzoo standen. Für Weihnachten aber galt das Gleiche wie für die Wundertüten: Die Freude wuchs mit der Spannung und die Spannung mit der Ungewissheit. Schon Wochen vorher blätterten wir immer wieder die Spielwarenprospekte durch und konnten uns nicht sattsehen an den bunten Bildern. Lebhaft malten wir uns aus, welche Geschenke wir bekommen würden, und ahnten gleichzeitig, dass diese Geschenke Wunschträume blieben. Wie gern hätte ich ein Fahrrad gehabt mit einer »pannensicheren Bereifung« (was immer darunter verstanden wurde), doch ich erhielt keines. Dabei erinnere ich mich bis heute an den merkwürdigen Markennamen des Rades. Dieser hieß »Vaterland«. Zu Weihnachten gehörte auch die Enttäuschung! Wenigstens erging es mir nicht wie einem Nachbarjungen, der mit seiner elektrischen Eisenbahn – aus Platzgründen oder weil sie so kostbar war – nur während der Feiertage spielen durfte, danach schloss sie der Vater wieder weg.

Schmutz und Schund?

Die fünfziger Jahre waren eine Zeit der Ordnung, eine Zeit fester Regeln. Das sah man schon an den Weckgläsern in der Vorratskammer, die nach den jeweils eingemachten Obstsorten unterteilt und wie Soldaten aufgereiht waren.

Jeder Verstoß gegen die Regeln, den wir begingen, brannte sich in unser Gewissen; falls aber nicht, sorgten die Eltern und Erzieher schmerzhaft dafür. Sie trennten unerbittlich zwischen Schwarz und Weiß, Gut und Böse. Die Pfarrbücherei hatte noch eine Theke, vor der wir uns aufstellen mussten. Dann entschied der Kaplan, welche Bücher für uns geeignet waren. Damals beherrschte die Öffentlichkeit eine erregte, fast hysterische Diskussion über »Schmutz und Schund«, der natürlich aus Amerika zu uns kam und mit den Comics gleichgesetzt wurde. Als ich die ersten Tarzan- und Sigurd-Hefte heimbrachte, warf sie mein Vater in den Ofen. Wenig später kaufte mir dann meine Mutter, der erzieherische Konsequenz fremd war, als Belohnung für die bestandene Aufnahmeprüfung zum Gymnasium ein Mickymaus-Heft. Größer hätte die Genugtuung nicht sein können für mich . . .
Ähnlich verhielt es sich in den fünfziger Jahren mit der »Schundmusik«. Ich habe heute noch das knarzende Ge-

räusch im Ohr, wenn die Plattenaufleger der Radioanstalten die schwarzen Scheiben zerbrachen, die ihnen nicht gefielen. Am meisten bewunderte ich ältere Jugendliche. Sie trugen Nietenhosen und kämmten ihre Tolle in die Stirn. Dazu brauchte man Pomade; bei uns daheim gab es nur Kernseife, die in den Augen brannte. Einer dieser »Halbstarken« erzählte mir einmal voller Stolz, wie er nach der Predigt die Christmette verlassen hatte und in die nahegelegene Kneipe gegangen war. Dort stand eine glitzernde Rock-Ola. Ich weiß nicht mehr, welchen Titel er auswählte, vielleicht »Jambalaya« von Fats Domino. Gelegenheit dazu dürfte es am Heiligen Abend nicht oft gegeben haben. Denn das war damals – im Gegensatz zu heute – eine stille Zeit, in der kaum Gasthäuser und schon gar keine Tanzlokale geöffnet hatten.

Worüber freuten sich die Kinder dieser Zeit ganz besonders? In der Münchner Katholischen Kirchenzeitung aus dem Jahr 1954 fand ich dazu ein fingiertes »Gespräch über mütterliche Weihnachtssorgen«. Dieses Gespräch, das von einer penetrant überlegenen Kindergärtnerin geführt wird, lässt uns tief hineinblicken in eine längst vergangene Welt. Deshalb soll es hier zitiert werden, nur der Schluss wurde leicht gekürzt.

Gespräch über mütterliche Weihnachtssorgen

Kindergärtnerin: Grüß Gott, Frau M.! Wollen Sie heute schon Ihre Kleine abholen? Aber Sie sehen ja aus, als ob Sie Sorgen hätten ...

Mutter: Hab ich schon! Wegen der Weihnachtsgeschenke für unsere Kinder, wissen Sie! Nun will mein Mann meinem Ältesten, dem sechsjährigen Peter, absolut eine elektrische Eisenbahn kaufen. Ich kann ihm diesen Einfall nicht ausreden, obwohl doch so ein Geschenk weit über unsere Verhältnisse geht. Er sagt, er hätte sich selbst als Bub immer so eine elektrische Eisenbahn gewünscht und sie nie bekommen. Und jetzt will er sie kaufen – für den Peter. Warum lachen Sie denn jetzt, Fräulein?

Kindergärtnerin: Ja, Frau M., mit Sparsamkeitsgründen werden Sie Ihren Mann schwer überzeugen. Er will sich ja selber einen altern Kinderwunsch erfüllen und merkt gar nicht, dass ihm der Peter dafür ein Vorwand ist. Bitten Sie ihn doch in aller Güte, er möchte, nachdem er nun schon so lange auf die Eisenbahn verzichtet hat, noch ein paar Jahre Geduld haben, bis der Peter auch eine Freude an diesem Spielzeug hat; denn jetzt hat der Kleine dafür wirklich noch kein Verständnis. Jedes kindliche Alter hat seine eigenen, ihm gemäßen Spiele. Nimmt man darauf keine Rücksicht, überfordert man das Kind mit Spielen, für die es noch nicht die nötige Reife hat, so erlahmt seine natürliche Spielfreude. Und das wirkt sich hemmend auf die ganze psychische Entwicklung aus.

Mutter: Was meinen Sie, Fräulein, wäre denn das rechte Spielzeug für einen aufgeweckten Sechsjährigen?

Kindergärtnerin: Nun zum Beispiel ein schöner Steinbaukasten oder auch ein einfacher Steckbaukasten oder ein Möbelbaukasten. Hier kann sich das Kind schon ein wenig als Konstrukteur üben. Dann einfache Gesellschaftsspiele, Wettrennspiele, »Mensch ärgere dich nicht« usw., bei denen auch Vater und Mutter mitmachen. Alle Art von Bastelmaterial, Plastilin, Wachs, Ton, Buntstifte, Ausschneidebögen, Werkzeugkästchen, kleine Arbeitsgeräte für Haus und Garten, Rechen, Spaten … Das Kind soll halt mit seinem Spielzeug etwas anfangen, seine Phantasie- und Spielfähigkeit daran entfalten können.

Mutter: Und was würden Sie mir für meine vierjährige Ilse raten? Sie kennen das Kind ja selber. Ich dachte an eine schöne große Puppe mit Porzellankopf, weil sie eine so begeisterte Puppenmutter ist.

Kindergärtnerin: Ich weiß nicht, ob Sie mit solch einem neuen Prachtexemplar so gut ankämen bei der Ilse. Erstens würde die »Neue« gar nicht in den Puppenwagen passen und könnte nicht verhätschelt werden. Dann würde der Kleinen der harte Porzellankopf beim Spiel oft genug schmerzend gegen das eigene Köpfchen fallen, was die Liebe zum Puppenkind gar nicht erhöht. Schließlich bricht der Puppenkopf einmal und die Enttäuschung ist dann vollendet. Schaffen Sie doch für Ilses altes Puppenkind, an dem sie mit so viel Liebe hängt, neue Wäsche und Kleidchen. Das wird die Puppenmutter besonders freuen. Als Spielzeug eignet sich in diesem Alter ein Bilderlotto, Perlen zum Aufziehen, Buntstifte, ein Bilderbuch zum Vorlesen. Und da Ihre Kleine so musikalisch ist, wüsste ich noch etwas besonders Schönes für sie. Kaufen Sie ihr ein Triangel oder, wenn es geht, ein einfaches Glockenspiel. Doch müsste das schon in einem Musikgeschäft besorgt werden. Das Instrument muss richtig gestimmt sein, wenn es das Gehör des Kindes nicht verbilden soll.

Mutter: Das muss ich mir überlegen. Übrigens zeichnet Ilse auch gern. Wenn ich ihr nun Buntstifte kaufe, besorge ich ihr gleich ein Malbuch dazu.

Kindergärtnerin: Da muss ich wieder abraten. Mit dem Ausfüllen vorgegebener Formen kann sich die kindliche Vorstellungsgabe nicht entwickeln. Nein, lassen Sie das Kind ohne Vorbild zeichnen, so wie es die Umwelt aus eigener

Anschauung erlebt. Lesen Sie ihm manchmal eine schöne Geschichte vor und erzählen Sie ihm recht anschaulich. Dann soll es seine Eindrücke darzustellen versuchen.

Mutter: Das ist mir nun recht wichtig, was Sie mir da gesagt haben, Fräulein. Darf ich Sie jetzt noch um einen Rat für unseren Kleinsten bitten, den Zweijährigen?

Kindergärtnerin: Ein hübsches Stofftier, das auch mit ins Bett genommen werden kann. Kein hässliches, gelt! Ein Kind ist beeindruckt von seinem Spielzeug und bildet seinen Geschmack daran. Papier und Wachsmalstifte zum Kritzeln, ein schönes Bilderbuch mit Darstellungen von Einzeldingen, das Sie mit dem Kind anschauen. Nachziehtiere, ein Holzwägelchen, einen schönen bunten Ball. Und für Sie selbst ein Buch mit Kinderreimen und Fingerspielen.

Die Alternativen, die hier von der Kindergärtnerin aufgezeigt werden, dürften nicht allen Kindern gefallen haben: Statt der elektrischen Eisenbahn empfiehlt sie einen Steinbaukasten, statt der großen Puppe mit Porzellankopf ein neues Kleid für das alte Puppenkind. Auf den ersten Blick verrät dies eine überraschend konsumkritische Haltung; hier wird offensichtlich ein Erziehungsverständnis gepflegt, das man auch ganzheitlich nennen könnte, wäre es nicht so brav. Dabei steht die Geschmacksbildung im Vordergrund, die Entwicklung der Fantasie, die natürliche Spielfreude. Hat der Artikelschreiber vielleicht sogar Anleihen bei der Waldorf-Pädagogik genommen?

Der zweite Blick zeigt dann freilich jene typischen Argumentationsmuster, die uns in den fünfziger Jahren immer wieder begegnen: Kinder sollen zwar gefordert, aber auf keinen Fall überfordert werden. Die Rollenbilder und damit die Spielwelten von Mädchen und Jungen sind noch rigoros getrennt. Das »Fräulein« ist eine Autorität und doziert von oben herab. Zuhören ersetzt den Dialog. Diese kleine Szene kennt keinen Widerspruch, keine Auseinandersetzung. Da fällt schon kaum mehr auf, dass das »Fräulein« von der Welt draußen vor dem Kindergarten offensichtlich nichts wissen will. Dort fahren nämlich chromblitzende Autos durch die Straßen und die Kinder schauen ihnen mit großen Augen hinterher. So ein Auto, das für die Kindergärtnerin nicht zu existieren scheint, wünschen sie sich an Weihnachten. Wenigstens als Spielzeug soll es daheim unter dem Christbaum stehen...

»Schluss mit Weihnachten!«

Nicht alle Erwachsenen nehmen Kinderwünsche ernst. Das war auch so in den fünfziger Jahren. Meine Lieblingstante schenke mir einmal einen Laubsägekasten. Damit konnte man langweilige Figuren aus Holzplatten herausschneiden. Noch am Weihnachtsabend versuchte ich es so lange, bis alle Sägeblätter zersprungen waren. Danach stellte ich den Kasten beiseite und rührte ihn nicht mehr an.

Ein anderes Mal wurde mir, ebenfalls zu Weihnachten, eine Platte mit Jägerchören geschenkt, weil ich als Berufswunsch »Förster« angegeben hatte und außerdem seit neuestem eine futuristische Radio- und Phonotruhe in unserem Wohnzimmer stand. Dabei wäre mir der »Tom Dooley« von den Nielsen Brothers viel lieber gewesen ...

Solche Fehler machte mein Vater spätestens am ersten Weihnachtsfeiertag wieder gut – heute nennt man das Schadensbegrenzung. Dann ging er nämlich zu seinem Bücherschrank und überließ mir für meine eigene kleine Bibliothek, was ihm jugendgeeignet erschien. Er hatte dabei eine ziemlich präzise Vorstellung von spannender, mitreißender Literatur. Nur gegenüber den Inhalten schien er, wenn es nicht gerade um Comics ging, merkwürdig un-

Hechingen, 14. 12. 54.

Liebes Christkind!

Jetzt hast Du bald Geburtstag. Ich wünsche Dir viel Glück und Segen. Gerne möcht ich von Dir ein Tipp-Kick. Auf das habe ich mich schon lange gefreut. Wenn Du mir das Tipp-Kick bringst so werde ich nie mehr kicken und wenn

ich kicke, so darfst Du
das Tipp - Kick wegnehmen.
Viele Grüße dein
lieber Erich.

empfindlich zu sein. So bekam ich neben dem unvergesslichen »Tecumseh« von Fritz Steuben die Erinnerungen des legendären Generals Lettow-Vorbeck oder ein Buch über die deutsche Schutztruppe von Kamerun. Daraus lernte ich, wie die Speere schwingenden Reiter des Emirs zu Hunderten von einem Maschinengewehr dahingemäht wurden. Die Buchgeschenke meines Vaters machten mich auch mit dem U-Boot-Krieg zwischen 1914 und 1918 vertraut und ich war dabei, als die »Lusitana« von einem Torpedo getroffen wurde und mit Mann und Maus unterging.

Jahrzehnte später habe ich in einer Geschichte versucht, die Weihnachtsstimmung der fünfziger Jahre einzufangen. Obwohl der Vater, der hier geschildert wird, nicht mein eigener Vater ist, ähnelt er ihm doch in seinem Zorn. Viele Väter waren ihren Kindern in dieser Zeit sehr fremd. Sie hatten jahrelang die Schrecken des Krieges erlebt und konnten darüber nicht reden. Oder nur dann, wenn sie betrunken waren. Aber diese schweigenden, jähzornigen, hilflosen Väter, die nie richtig nach Hause gekommen sind, standen ebenfalls vor dem Lichterbaum und manchmal sangen sie sogar fast unhörbar mit.
Für die fünfziger Jahre typisch – und bis heute beliebt – war auch das »Tipp-Kick«, das sich alle fußballbegeisterten Jungen wünschten. Der abgedruckte Brief an das Christkind stammt aus dieser Zeit. Da wird nicht nur etwas ge-

wünscht, sondern dem Wunsch zusätzlich Nachdruck verliehen. Weil das Kind beim Fußballspielen auf der Straße – meist mit Steinen, manchmal mit einem Gummiball – seine Schuhe abnutzte und die Eltern darüber schimpften, unterbreitete es dem Christkind ein Gegengeschäft: Wenn es ein Tischfußballspiel bekommt, wird es nicht mehr mit den anderen Kindern draußen Fußball spielen. Das Christkind nahm den Vorschlag gerne an, allerdings lag im echten Leben statt des »Tipp-Kick« die billigere Variante »Schuss ins Tor« unter dem Christbaum.

Schluss mit Weihnachten!

Wenn ich an das letzte Weihnachtsfest denke, bin ich traurig und glücklich zugleich. Von diesem Weihnachtsfest möchte ich erzählen. Aber ich weiß nicht, wie ich beginnen soll. Oder würdet ihr gerne über einen Vater reden, der dauernd Wutanfälle bekommt? Die kleinste Kleinigkeit kann ihn ärgern. Irgendjemand hat vergessen, das Licht im Gang auszuschalten. Sofort schreit mein Vater. Er schreit auch, wenn der Sportteil der Zeitung fehlt. Er schreit fast immer.

»Vielleicht fühlt er sich nicht wohl bei uns«, denke ich. »Wir können ihm nichts recht machen. Wir sind eine Unglücksfamilie.« Am liebsten würde ich mit meinem Vater reden, von Mann zu Mann. Aber ich habe Angst vor ihm. Sobald die blaue Ader auf seiner Stirn erscheint, ist es höchste Zeit zu verschwinden. Wenn ich jetzt noch etwas sage, rennt er hinter mir her! Natürlich bin ich schneller als er. Trotzdem fängt er mich jedes Mal. Er gibt einfach nicht auf, bis er mich erwischt hat. Dann keucht er wie ein Nilpferd, und dann wird sein Zorn noch größer.

»Warum bist du so blöd und ärgerst ihn?« Diese Frage hat mir mein Bruder schon oft gestellt. Wir sind Zwillinge. Doch das bedeutet nicht viel. Max, der Einserschüler, ist ganz anders als ich. Er putzt sich dreimal am Tag die Zähne und trägt den Mädchen ihre Taschen nach. Wenn es daheim Streit gibt, verdrückt er sich. Wir können uns nicht besonders leiden.

Nur einmal haben wir uns wie Freunde gefühlt, wie richtige Freunde. Das ist am Weihnachtstag des letzten Jahres gewesen. Begonnen hatte dieser Tag wie immer. Meine Mutter ging früh am Morgen zum Metzger, und kurz darauf klingelte der Bierfahrer, der von meinem Vater erwartet wurde.

Nach dem Frühstück nahm sich Vater dann auf dem Balkon den Christbaum vor. Er hackte eine Weile an dem krummgewachsenen Sonderangebot herum, bevor er die Tanne in den Ständer stopfte. Aber kein Christbaumständer der Welt kann windschiefe Tannen wieder geradebiegen. Also holte mein Vater eine Schnur und band den Baum an einen Nagel, den er für solche Fälle in die Holzdecke des Wohnzimmers geschlagen hatte.

Der Nachmittag verlief eintönig. Vater saß in der Küche und drehte am Radio. Dabei schimpfte er über die Weihnachtslieder, die wie Honig aus dem Lautsprecher tropften. Unsere Mutter hatte sich mit dem Christbaum eingeschlossen. Sie hängte die bemalten Kugeln in die Zweige, danach die Engel aus Zinn und die bunt glänzenden Vögel. Immer wieder drückten wir unsere Gesichter gegen die Türscheibe. Aber wir sahen nur den Schatten der Mutter und hörten ein Rascheln und Klirren.

Bald wurde es mir langweilig. Ich zog mich mit meinem Lieblingsbuch in eine Ecke zurück. »Old Jed, der Trapper«, heißt das Buch. Es ist schon alt und geht allmählich aus dem Leim. Ein Onkel hat es mir geschenkt. Ich liebe die Bilder in diesem Buch. Am meisten gefällt mir die Zeichnung eines Blackfoot-Häuptlings auf Seite 159. Selbst im Dämmerlicht konnte ich noch das traurige Gesicht des Indianers erkennen. Der Häuptling guckt aus dem Bild heraus. Ich weiß nicht, was er sieht. Vielleicht die toten Büffel oder die Prärie, die unter den Weizenfeldern der Weißen verschwunden ist ...

Fast wäre ich über dem Buch eingeschlafen. Da ertönte das Glöckchen. Es bimmelte ungeduldig und hörte nicht auf zu bimmeln, bis die ganze Familie um den Baum versammelt war. Unter den Zweigen lagen die Geschenke. Für mich gab es ein Fußballspiel, ein Tipp-Kick, während mein Bruder eine Dampfmaschine bekam. Vor ein paar Wochen hatten wir die Geschenke im Schlafzimmerschrank der Eltern entdeckt. Jetzt schauten wir ganz neugierig und machten aufgeregte Gesichter. Das ist gar nicht so leicht, wenn man schon alles weiß.

Wir sangen gemeinsam »Stille Nacht, heilige Nacht«, dann sollte ich die Weihnachtsgeschichte von Lukas vorlesen. »In jenen Tagen erließ Kaiser Augustus den Befehl«, begann ich, und mein Vater sagte: »Komma!« Beim Komma musste ich die Stimme heben, und beim Punkt wollte er,

dass ich sie wieder senke. Zwischendurch sagte er auch »Pause« oder »Langsamer lesen« oder »Setz dich gerade hin«. Mein Vater wäre gern Lehrer geworden. Nicht einmal am Weihnachtsabend vergisst er das!
In anderen Familien darf man jetzt allmählich mit den Geschenken spielen, bei uns kommt zuerst das Abendessen. Ich erinnere mich noch genau: Mutter trug eine gebratene Ente herein. Danach ging sie ein zweites Mal in die Küche und holte die Knödel, die mächtig dampften. Wie im Schlaraffenland schmeckte es. Ich goss so viel Soße über die Knödel, dass sie darin schwammen, und kaute friedlich vor mich hin.
An diesem Abend wäre alles gut verlaufen, wenn Mutter nicht die Idee mit dem Nachtisch gehabt hätte. Es gab nämlich ein Kirschenkompott. Anfangs legte ich die Kerne noch am Rand des Tellers ab. Dann sah ich in das Gesicht meines Bruders.
Wir spuckten fast gleichzeitig.
Ich weiß bis heute nicht, warum ich mit dem Kern meinen Vater getroffen habe. Jedenfalls erstarrte er zu einer Säule. Kerzengerade saß er am Tisch. Seine Fäuste ballten sich, und die Ader auf seiner Stirne schwoll gefährlich an. Kurz bevor sie platzte, schrie er: »Was fällt euch ein? Verschwindet sofort! Ich will euch nicht mehr sehen!« Wir blieben sitzen, bewegungslos, wie die Kaninchen vor der Schlange. Da schrie er noch einmal: »Haut ab! Geht ins Bett! Schluss mit Weihnachten!«

Das war der erste Abend in meinem Leben, an dem ich mich nicht waschen musste. Wir zogen uns im Dunkeln aus, hängten die Kleider über die Stühle und schlüpften unter die Bettdecke. Dann war es still; nur die Stimme meiner Mutter drang vom Wohnzimmer herüber. Sie klang müde und traurig. Nach einer Weile gingen auch die Eltern ins Bett. Jetzt hörten wir nur noch den Wasserhahn, der in der Küche tropfte.
»Schluss mit Weihnachten!«, hatte mein Vater geschrien.
Ich konnte nicht einschlafen. Immer wieder dachte ich an den Kern, der in eine ganz andere Richtung geflogen war.
»Schläfst du schon?«, fragte plötzlich mein Bruder, der Einserschüler. Er leuchtete mit der Taschenlampe in mein Gesicht. »Nein«, flüsterte ich und hielt schützend die Hände vor die Augen. »Dann komm mit«, forderte er mich auf. Wir tappten zur Tür, öffneten sie so leise wie möglich. Auf Zehenspitzen überquerten wir den Flur. Erst im Wohnzimmer trauten wir uns zu schnaufen.
Max nahm gleich die Dampfmaschine auseinander und setzte sie wieder zusammen. Als er nach Streichhölzern für den Spiritusbrenner suchte, wurde ich böse. »Willst du unser Haus in die Luft jagen?«, fauchte ich. »Lies zuerst einmal die Gebrauchsanweisung!« Das begriff sogar mein Bruder. Er schob die Dampfmaschine zur Seite und sah mir zu, wie ich das Spielfeld von meinem Tipp-Kick ausrollte. »Du hast den roten Kicker«, sagte er auf einmal, während

er den gelben nahm. Noch nie hatte sich Max für Fußball interessiert. Ich erklärte ihm die Regeln, und er schoss den Ball so oft in mein Tor, dass ich mit dem Zählen durcheinander kam.

Vor unserem Wohnzimmerfenster steht eine Laterne. Sie schenkte uns genügend Licht. Nur manchmal, wenn der winzige Ball davonsprang, mussten wir zur Taschenlampe greifen. Im Eifer des Spieles merkten wir nicht einmal, dass die Tür aufging. »Darf ich mitspielen?«, fragte mein Vater und setzte sich neben uns. Vor Schreck brachten wir keine Antwort heraus. »Dann eben nicht«, sagte er. »Aber lasst mich wenigstens den Balljungen machen.«

An diesem Abend kroch mein Vater unter das Sofa. Er kroch unter den Schrank und unter den Tisch. Auf der Suche nach dem Ball knipste er dauernd die Taschenlampe an. Wir sagten ihm nicht, dass es einen Lichtschalter gab.

Ganz zuletzt kam meine Mutter herein. Sie stellte sich ans Fenster. Mein Vater ging zu ihr und legte den Arm um ihre Schulter. Draußen wirbelte der Schnee. Die Dächer wurden weiß, und im Nachbarhaus brannte jemand eine Wunderkerze ab. Sekundenschnell verglühten die Sterne. »Was ist mit dir?« fragte mein Bruder und schaute mich an.

Fast hätte ich geheult.

Erich Jooß

Ein Lehrling feiert Weihnachten

Darüber würde es sich bestimmt lohnen, einmal intensiver nachzudenken: In der deutschen Literatur hat die Arbeitswelt kaum je eine Rolle gespielt. Manchmal – wie im Naturalismus, bei den expressionistischen Arbeiterdichtern, in sozialkritischen Texten der zwanziger Jahre und, systembedingt, im sozialistischen Realismus der DDR-Literatur – brachte sie kurzzeitig Interesse auf für den Alltag und schaute sich in den Betrieben und Werkstätten um. Doch daraus entstand eher selten Kunst. Woher rührt diese Scheu? Verträgt sich die tägliche Routine der Arbeit nicht mit der Poesie – oder ist es der Schriftsteller, der keinen Zugang zu dieser Welt findet, dem vielleicht sogar das Handwerkszeug fehlt, um sie glaubwürdig darzustellen?

Diesen Befund kann bestätigen, wer sich mit dem Weihnachtsfest in den fünfziger Jahren beschäftigt. Wenn man danach fragt, stößt man zwar auf viele persönliche Erinnerungen an die Art, wie damals in den Büros und in den Fabrikhallen Weihnachten gefeiert wurde. Aber es gibt kaum sprachlich ausgefeilte Texte, schon gar keine von Arbeitern oder Handwerkern. Ein Bericht freilich, den ich in einer Anthologie gefunden habe, ersetzt das Fehlende nicht nur. In seiner schnörkellosen, lapidaren Sprache hat er geradezu exemplarischen Charakter und wartet außerdem mit einer genauen Datierung auf. Den Text schrieb Conrad H. von Sengbusch und er trägt den spröden Titel: »Heiligabend 1953 auf der Werft«. So spröd beginnt er auch, entwirft dann jedoch, wenn man weiter liest, ein umso präziseres, dichtes Bild jener Zeit, gesehen aus der Perspektive der kleinen Leute, hier eines Lehrlings:

Heiligabend 1953 auf der Werft

An Ostern 1953 trat ich meine Lehre als Schiffselektriker bei einer norddeutschen Werft an.

Unser Meister K. regierte seine 35 Leute, darunter 9 Lehrlinge vom 1. bis zum 4. Lehrjahr, mit harter Hand. An ihm war ein knorriger Segelschiffskapitän des vergangenen Jahrhunderts verlorengegangen, und so umgab er sich mit ebensolchen Naturen. Rein fachlich stand er über den Dingen und verfügte durchaus über eine gute Portion norddeutschen Mutterwitz, der aber nur selten zutage trat. Sein Vertreter, der Altgeselle, war ein ehemaliger Oberfeldmeister des Arbeitsdienstes und hatte sich vorgenommen, aus uns »anständige Menschen« zu machen . . .

In unserem Lehrjahr waren Volks- und Mittelschüler, so dass der jüngste 14 Jahre und ich als der älteste damals 17 war.

Am Heiligabend wurde selbstverständlich bis um 12.00 Uhr gearbeitet. Für die Lehrlinge hieß das »Aufräumen«. Jedes Eckchen auf den über hundert Jahre alten eichenen Werkbänken wurde gefegt, die Fenstersimse gewischt, und auch unter den Werkbänken musste alles blitzen. Natürlich wurde auch der Boden der Werkstatt einer Generalreinigung unterzogen. Das war nicht einfach, denn zwischen den uralten Bohlen klafften fingerdicke Spalten und Risse, die alle ausgekehrt werden mussten. Dann ging es ans Aufklaren der Schraubenkiste. Ein Sammelsurium von Kleinteilen aller Art, wie metrische und zöllige Schrauben, Muttern, Klemmen, Federn, Nieten, Kontakte, Specksteine etc. musste nach Art und Größe sortiert und eingeordnet werden. Diese Kiste war immer gut gefüllt, denn damals wurde noch echt repariert und nicht nur die komplette Armatur gewechselt. Die Leute waren noch sparsam erzogen, und so wurde beim Ausbauen von Teilen geprüft, ob noch irgendetwas Wiederverwertbares aufgehoben werden könne.

Andere Lehrlinge fegten derweil die 6-kV-Hochspannungsstation und den Umformerraum. Die Umformer brauchten wir für die Gleichstromschiffe mit Netzen verschiedenster Art, die als Havaristen auf die Werft kamen und einen Landanschluss benötigten. Zu unseren wöchentlichen Wartungsarbeiten gehörte auch die Pflege der Maschinen in der Pressluftzentrale. Hier standen die überschweren Kjellberg-Kompressoren. Und wer bisher das Fürchten noch nicht gelernt hatte, der konnte es hier erfahren: Immer wenn der Druck im Luftkessel abfiel, sprang mit einem peitschenartigen, unvorstellbar lauten Knall urplötzlich einer der Kompressoren an. Das Unheimliche war, dass man nie im Voraus wusste, wann dieser »Urknall« eintrat.

Wieder andere Lehrlinge schleppten vom Zwischenlager am Werftschornstein neue, zentnerschwere Azetylen- und Gasflaschen in die Werkstatt, an die dann sogleich die Armaturen angeschlagen wurden. Diese Aufgabe war wenig beliebt, denn unsere Werkstatt war nur über eine schmale

Steintreppe zu erreichen und lag auf halber Höhe zum Magazin. Wenn wir die Stahlflaschen geschultert hatten, dann war der Winkel so steil, dass wir hofften und bangten, die Flasche möge uns nicht von der Schulter gleiten.

Als dann auch noch das Elektrolager unter dem Dach gefegt und die Regale mit dem Material eingeräumt waren, erfolgte die »Klarmeldung« beim Meister durch den ältesten Lehrling. Der Meister kontrollierte unerbittlich. Gnade uns Gott, wenn wir auch nur den kleinsten Kabelrest übersehen hatten. Dann konnte er drakonische Strafen verhängen, die bis zum »Erscheinen am Heiligen Sonntag bis auf Abruf« reichten, um dann Reinigungsarbeiten unbestimmter Dauer auszuführen. Die gewerkschaftliche Organisation der Lehrlinge war damals noch völlig unbekannt, und Widerspruch bedeutete in der Werftsprache »Meuterei« und konnte wegen Aufsässigkeit geahndet werden.

Nun, Weihnachten 1953, wo der Heilige Abend so kurz bevorstand, waren auch die sonst grantigsten Gemüter besänftigt, so dass selbst unser Bärbeiß von Meister Proben seines norddeutschen Mutterwitzes gab.

Auch andere Gesellen waren an diesem Tag freundlicher und zugänglicher. Einer hatte einen kleinen Tannenbaum mitgebracht, der in einen Schraubstock eingespannt wurde. Schon hatten die Kollegen weitere Ideen: Das Bäumchen wurde feucht eingesprüht und bekam aus Gipspulver zunächst ein winterliches Kleid. Nun fehlte noch die elektrische Christbaumbeleuchtung, die mit »Bordmitteln« täuschend echt natürlichen Kerzen nachempfunden wurde. Im E-Lager hatten wir aus Kriegszeiten noch ein paar Kartons aus Kriegsmarinebeständen, in denen auch Glühlampen verschiedenster Art mit »krummen« Spannungen vorhanden waren, die eh niemand mehr brauchte. Durch kunstvolle Hintereinander- und Parallelschaltung entstand so eine Lichterkette, die beim Anlegen an das Netz schon beeindruckend wirkte. Der Clou war aber die Idee eines Gesellen, gelben Igelit-Isolierschlauch auf etwa Kerzenlänge zu kürzen und an einem Ende zackenförmig einzuschneiden. Diese Isolierschlauch-Enden wurden nun über die Lämpchen geschoben, und schon strahlte der Baum in einem festlichen, warmen Licht, was eine heimelige Atmosphäre schaffte.

Nachdem alle Gesellen auf den Werkbänken Platz genommen hatten, Stühle gab es in der Werkstatt nur in der verglasten »Meisterbude«, begann der ›gemütliche Teil‹ mit dem Auftritt der Lehrlinge des ersten Lehrjahres. Ich hatte es immer für einen Scherz gehalten, wenn davon gesprochen wurde, wir müssten ein Weihnachtsgedicht aufsagen. Da ich mir aber nicht so ganz sicher war, hatte ich zu Haus geprobt und mir das aus Kindertagen bekannte »Von drauß' vom Walde komm ich her . . .« eingeübt. Der auffordernde Blick des Meisters traf mich nach dem Motto ‚nu mook man' und ließ keinen Zweifel, ich musste ran. Irgendwie kam ich mir mit meinen 17 Jahren doch etwas dämlich vor: Vor versammelter Mannschaft ein Kindergedicht aufsagen? Aber es war schon eigenartig, die Leute waren ernst, in sich gekehrt, blickten versonnen und hingen ihren eigenen Gedanken nach. Keiner feixte, es war mucksmäuschenstill und selbst die Hartgesottensten unter uns, die sonst immer etwas zu kritisieren oder zu lästern hatten, waren merkwürdig stumm.

Ich muss allerdings hinzufügen, dass manch einer der Gesellen alleine lebte, harte Schicksalsschläge erlitten hatte oder gerade erst aus der Gefangenschaft heimgekehrt war. Da waren noch viele Entbehrungen aufzuarbeiten und keiner wusste, was den Einzelnen am Heiligabend erwartete.

Ein erster Höhepunkt kündete sich an, als Harry P. seinen Posaunenkasten öffnete, das Instrument ansetzte und »Stille Nacht« spielte. Es wurde feierlich. Fünfunddreißig Mann sangen im Chor alle Strophen mit und manch einem standen dabei Tränen in den Augen.

Solch eine schöne Feier musste einfach mit einem kleinen Umtrunk ausklingen, um für die folgenden »festlichen« Stunden richtig eingestimmt zu sein. Dabei wurden die Werftleute praktisch. Reich waren die Gesellen mit 70,- Mark Akkordlohn pro Woche damals nicht, und so wurde zusammengelegt. Einer der älteren Lehrlinge bekam Order, »mal eben über den Deich zu springen«, um im Spirituosenladen drei Flaschen Riemerschmidt »Escorial Grün«

zu holen. Das war ein 56%iger Likör, der in einer äußerst begehrten braunen Flasche mit quadratischem Querschnitt verkauft wurde. Die Flasche enthielt außen bunte Malereien mit bayerischen Landschaftsmotiven. Der hochprozentige Inhalt wirkte, hastig getrunken, wie der ostpreußische »Bärenfang« und ging in die Beine. Wir neun Lehrlinge bekamen natürlich keinen Tropfen, aber als Vortragende zum Lohn immerhin die leeren Likörflaschen. Damals wurde noch viel gebastelt und natürlich auch »gepfuscht«. Und in einer stillen Minute, wenn der Meister mal auf einer Vorbesprechung auf einem Havaristen war, zeigten uns wohlmeinende Gesellen, wie man das Loch für die Kabeldurchführung fachmännisch ins Glas bohrt, ohne die Flasche dabei zu zerbrechen. Nach und nach entstand auch eine Fassung für die Glühlampe, die dann in den Flaschenhals eingepasst wurde. Auch das Gestell für den Lampenschirm löteten wir zusammen, wozu uns Muttern eine passende Bespannung nähte. Jeder Lehrling hatte dann irgendwann einmal eine solche kleine Tischlampe zu Hause stehen.

Unaufhaltsam wanderte der Zeiger der Werftuhr, und als es 11.55 Uhr war, standen die älteren Kollegen schon am Werfttor. Schiffbauer, Rohrleger, Maschinenbauer, Zimmererleute, Brenner, Nieter, Schweißer, Schmiede, Elektriker und wer noch alles auf der Werft arbeitete, alle 800 Mann wollten nun nach Hause.

Wir Lehrlinge durften erst ab 12.00 Uhr das Gelände verlassen. So gönnte ich mir noch einen Blick auf den Werfthof mit den Slipanlagen. Alle Schiffe auf der Werft hatten einen kleinen Christbaum im Vortopp, und auch unser 27-m-Portalkran bekam auf den höchsten Punkt ein Bäumchen aufgesetzt. Schnee war gefallen und hatte unseren Ort noch rechtzeitig zum Fest geschmückt. Der Strom der Werftarbeiter teilte sich am Werkstor. Nachdem auch ich meine Blechmarke No. 594 eingehängt hatte, warf ich noch einen Blick auf die heimwärts ziehenden Kollegen. Ein Pulk bog auf der Deichkrone nach links ab: Das waren meist die auswärtigen Kollegen, die aus Basbek, Neuhaus, Cadenberge oder Warstade-Hemmoor täglich anreisten und die den Zug noch erreichen mussten. Mittendrin gewahrte ich Harry P., der seinen Posaunenkasten an einem Bändel im Schnee hinter sich herzog ... Ein Auto hatten damals nur wenige und schon gar nicht die Facharbeiter.

Ich hatte nun auch das Bedürfnis, schnell nach Hause zu kommen, denn mein Vater, der in Süddeutschland Arbeit gefunden hatte und den ich seit Ostern nicht mehr gesehen hatte, war über die Festtage heimgekehrt.

Heute nach 45 Jahren ist von der alten Werft nichts mehr erhalten geblieben. Stattdessen steht dort eine moderne Wohnanlage mit Bootsliegeplätzen für gehobene Ansprüche.

Conrad H. von Sengbusch

Dieser Bericht ist eigentlich ein Protokoll, verfasst in erstaunlicher Frische und mit größter Genauigkeit. Gleich am Anfang wird das Verhältnis zum Meister und zum Altgesellen beschrieben, das ganz auf Autorität und Disziplin gründet. Keiner wagt es, die Hierarchie in Frage zu stellen; sie strukturiert den Arbeitsablauf und sorgt für die penible Einhaltung des Arbeitsplans. Die Ordnung – so scheint es – verkörpert den höchsten Wert und dieser Wert weist zurück in eine Vergangenheit, die jetzt – im Jahr 1953 – noch immer gegenwärtig ist. So kann man sich auch lebhaft vorstellen, was der ehemalige Oberfeldmeister des Arbeitsdienstes gemeint hat, wenn er die Lehrlinge zu »anständigen Menschen« machen wollte. Dazu gehörten – neben der Ordnung – solche Tugenden wie die Pünktlichkeit, der Fleiß und der Gehorsam. Für das beginnende Wirtschaftswunder waren sie unentbehrlich und wurden noch nicht als »sekundäre« Tugenden kritisch hinterfragt. Davor musste erst eine gründliche Aufarbeitung der Vergangenheit erfolgen und wie jede Aufarbeitung brauchte auch diese den notwendigen zeitlichen Abstand zum Gewesenen.

Die Disziplin wurde, falls erforderlich, mit Strafen aufrechterhalten. Das schloss – für uns heute unvorstellbar – sogar den vom Meister verfügten Sonntagsdienst ein. Am 24. Dezember aber endete die Arbeit der Lehrlinge durch die »Klarmeldung«. Jetzt konnte der gemütliche Teil beginnen. Er wurde mit »Bordmitteln« inszeniert, aus Restbeständen der Kriegsmarine. Keiner der Beteiligten wäre auf die Idee gekommen, etwas einfach wegzuwerfen. Damals wurde »noch echt repariert und nicht nur die komplette Armatur gewechselt«. In diesem eher beiläufigen Satz des Autors zeigt sich die Kritik an der späteren Verschwendungsmentalität. Hier wird aber auch der große Bruch mitten in den fünfziger Jahren sichtbar, die eben kein einheitliches Jahrzehnt waren, sondern in zwei sehr unterschiedliche Zeitabschnitte auseinanderfielen. Bis zum Jahr 1954, dem Jahr der so grandios gewonnenen Fußballweltmeisterschaft in Bern, sogar bis 1955, mussten viele Menschen in der Bundesrepublik den Gürtel sehr eng schnallen und jeden Pfennig umdrehen, bevor sie ihn ausgaben. Erst danach besserte sich das wirtschaftliche Klima in rasanten Sprüngen und die Zurückhaltung der Leute, die durch viele Noterfahrungen gegangen waren, schwand zusehends. An ihre Stelle trat ein neuer Optimismus. Plötzlich wuchs das Vertrauen in die Zukunft.

Die Arbeiter des Jahres 1953 wussten davon noch nichts. Ihr kleines, improvisiertes Fest auf dem Gelände der Werft wirkt anrührend, weil kindlich und feierlich zugleich. Was uns daran konventionell, vielleicht sogar naiv erscheinen mag, vom Kindergedicht bis zum gemeinsam gesungenen und gespielten Lied »Stille Nacht, heilige Nacht«, ist es für die damals Feiernden ganz gewiss nicht gewesen. Sie wurden stumm, und »manch einem standen dabei Tränen in den Augen«, denn ihnen war die Vergangenheit mit ihren Schrecken plötzlich wieder sehr nahe. Erst zwei Jahre später, am 8. September 1955, flog Bundeskanzler Adenauer nach Moskau und erreichte in zähen Verhandlungen, dass die letzten Kriegsgefangenen und Zivilinternierten heimkehren durften. Bis dahin brannten für sie die Kerzen an den Christbäumen und die Lichter auf den Fensterbänken, später dann für die »Brüder« (und Schwestern) hinter dem Eisernen Vorhang.

Bis in Kleinigkeiten hinein zeigt der Bericht aus dem Jahr 1953, wie stimmig er ist, wenn beispielsweise die Wiederverwendbarkeit aller Dinge liebevoll am Beispiel der selbstgebastelten Tischlampen aus Riemerschmidt-Likörflaschen erläutert wird. Der Ausdruck »Wohlstandsmüll« fand erst später Eingang in unsere Sprache, zu jener Zeit hätte man ihn mit Unverständnis und Fassungslosigkeit quittiert. Trotzdem bleibt beim Leser ein leises Unbehagen zurück. Wäre diese Weihnachtsfeier nicht genau so oder ähnlich denkbar gewesen als improvisierte Kriegsweihnachten in einem U-Boot auf dem Atlantik oder während der Kämpfe im Osten? Woher kam dieses sonderbare Gefühl des Steckenbleibens? Dieser Eindruck, die Vergangenheit sei immer noch Gegenwart, der uns in den frühen fünfziger Jahren ständig begegnet?

Um 12.00 Uhr hängt der Lehrling vor dem Werkstor seine Blechmarke ein. Damit endet für ihn die Arbeitszeit am 24. Dezember. Nun kann er über den Deich und durch den Schnee nach Hause gehen, wo der Vater auf ihn wartet. Dieser hat in Süddeutschland eine Arbeit gefunden und ist seit Ostern nicht mehr daheim gewesen. In jener Zeit (wie heute wieder) verlangte der Arbeitsmarkt, der noch sehr angespannt war, den Arbeitnehmern Mobilität ab. Wegen der Kosten, erst recht wegen der unzureichenden Verkehrsverbindungen – der Bau der Autobahnen setzte erst wieder 1955 ein – gab es so etwas wie eine Familienzusammenführung lediglich an hohen Feiertagen. Den radikalen wirtschaftlichen Wandel, der bevorstand, konnte damals niemand voraussehen. Wer ihn trotzdem prophezeit hätte, wäre für verrückt erklärt worden. Aber die Welt drehte sich weiter und was einmal gewesen ist, schwand unaufhaltsam dahin. Fünfundvierzig Jahre später erinnert nichts mehr an die Werft, an den Ort, wo der Lehrling seinen ersten Heiligabend in der Arbeitswelt erlebte. Diesen Ort gibt es nur noch in der Erinnerung. Die Stelle der Werft nimmt jetzt eine »moderne Wohnanlage mit Bootsliegeplätzen für gehobene Ansprüche« ein.

Offensichtlich ist es mehr als nur ein Zeitgraben, der uns von den fünfziger Jahren trennt . . .

Weihnachten in der Provinz – und wie es sich allmählich veränderte

Alle Erinnerungen an Weihnachten sind emotional hoch besetzt. Das gilt für die schönen Erlebnisse genauso wie für die bitteren. Nirgendwo sonst werden familiäre Beziehungen und Situationen so intensiv empfunden, manchmal auch erlitten, wie an Weihnachten.

Das bleibt im Gedächtnis und lässt sich noch Jahrzehnte später abrufen, als sei es erst gestern geschehen. Der Heilige Abend scheint ein für alle Mal auf die eigenen Kindheitserfahrungen festgelegt zu sein. Deshalb kommen wir auch so gerne ins Erzählen, wenn wir auf unsere eigenen Weihnachtserinnerungen angesprochen werden. Ich habe zwei Schwestern aus einem oberbayerischen Dorf gefragt, wie sie Weihnachten in den fünfziger Jahren erlebten. Was sie mir erzählten, könnten wahrscheinlich viele Menschen, die in diesem Zeitraum heranwuchsen, Satz für Satz genau so erzählen. Der Vater der beiden war Viehhändler, die Mutter Hausfrau. Auf dem Land begleiteten noch viele feste Bräuche das Weihnachtsfest, das tief vom christlichen Glauben geprägt wurde.
Es begann mit dem Advent, niemals früher, und natürlich durfte dabei, wie auch heute noch, der Brief an das Christ-

kind nicht fehlen. Die Mädchen deponierten ihn auf dem Fensterbrett, begleitet von einer erwartungsvollen, sich ständig steigernden Freude. In den Wochen vor dem Fest zog der Duft der frisch gebackenen Plätzchen durch das Haus. Ein Lieblingsrezept der Kinder blieb noch in der Schrift der Mutter erhalten: »Man nehme 200 g Butter, 240 g Zucker, vier Eier, die schaumig gerührt werden, 360 g Kokosflocken, die Schale einer Zitrone, 300 g Mehl und zwei Teelöffel Backpulver. Dann rolle man den Teig aus und backe ihn bei mäßiger Hitze.« Verblüffend sind dabei die überaus exakten Angaben (360 Gramm!), während die praktischen Backanweisungen – wie kommt eigentlich der Teig zustande? – weggelassen werden. Aber das wusste man einfach. Und noch fehlte der warnende Hinweis, dass die Schale der Zitrone ungespritzt sein sollte . . .

Damals brachen die Kinder zusammen mit der Mutter, die eine Taschenlampe dabei hatte, frühmorgens in der winterlichen Kälte und Dunkelheit zum Engelamt auf. Am Beginn der Messfeier erklangen die Worte des Propheten Jesaja: »Taut, ihr Himmel, von oben, ihr Wolken, lasst Gerechtigkeit regnen!« So kann man es in der Einheitsübersetzung nachlesen, die freilich erst Jahre später entstanden ist. Das Kirchenlied aus dem »Gotteslob« benutzte die weitaus temperamentvollere, farbigere Sprache des 18. Jahrhunderts: »Tauet, Himmel, den Gerechten, Wolken, regnet ihn herab!« Bis heute zählt dieses Lied zum geistlichen Inventar der Vorweihnachtszeit. Kerzenlicht begleitete den Advent nicht nur im Gottesdienst, sondern auch im Klassenzimmer, wo der gemeinsam gebastelte Adventskranz die Blicke der Kinder auf sich zog. Noch ging man sparsam um mit dem künstlichen Licht: Die Nacht wich nur langsam und der Morgen hatte Zeit, sich auszubreiten und zu wachsen.

Die Wochen vor Weihnachten standen ganz im Zeichen der Mutter, die daheim Regie führte. Die Kinder halfen bei den kleineren Arbeiten und an den Samstagabenden wurde gemeinsam der Rosenkranz gebetet. Wie sehr die »kluge, verständige Hausfrau« immer noch das Idealbild der Epoche war, macht ein Zeitungsartikel aus dem Jahr 1959 deutlich. Obwohl auch in dieser Zeit schon viel über die Emanzipation der Frau geschrieben wurde, scheint die Wirklichkeit davon noch weit entfernt gewesen zu sein. Sonst hätten sich die Leserinnen nicht die provozierende Frage einer Artikelschreiberin gefallen lassen:

»Gehören Sie zu den Frauen, die zuerst an die wesentlichen Dinge denken, z. B. daran, ein leichtes Essen für den Heiligen Abend auszusuchen, Salate, Kompotte beizeiten anzurichten, für Trinkbares zu sorgen (auch Säfte und Obst für die Kinder), den Tisch fürs Weihnachtsmahl rechtzeitig zu decken, Geschirr und Besteck handlich bereitzustellen, ... oder ... vertun Sie kostbare Viertelstunden damit, Lamettafäden millimetergenau zurechtzuzupfen, Geschenke hin- und herzudrapieren; stehen Sie noch im Hauskleid am Küchenherd, wenn der Besuch schon an der Türe läutet?«

Der 24. Dezember war im kirchlichen Kalender als Fasttag ausgewiesen. So erlebten ihn auch die Schwestern. Nicht eigens im Kalender stand die körperliche Reinigung und Pflege, die dafür umso gründlicher und beim Haarewaschen umso schmerzhafter betrieben wurde. Vor der Bescherung musste der Vater die Mutter entlasten und die Kinder auf dem Schlitten durch den nahen Wald ziehen – eine Form der Arbeitsteilung, die heute noch von zahlreichen Familien praktiziert wird. Die wichtigste Tür im Haus blieb verschlossen, bis das Glöckchen ertönte. Dann endlich durften die Schwestern (und ihr Bruder) über den Baum staunen. Er stand in der Stube, dem einzig beheizten Raum. An den Zweigen hingen Schokoladenkringel, bunte Kugeln und Sternwerfer. Auch das Lametta fehlte nicht, das

inzwischen genauso aus der Mode gekommen ist wie das Engelshaar. Der Mahnung zeitgenössischer Artikelschreiber, die Weihnachtsbäume sollten nicht »mit Flugzeugen und anderen weltlichen Gegenständen behangen werden«, hätte es in diesem Falle nicht bedurft. Die eigentliche Sensation aber barg die Krippe: Mitten unter den Hirten und ihren Schafen glühte nämlich ein elektrisches Feuer.
Jetzt waren die Geschenke an der Reihe. Sie entsprachen der Bescheidenheit, die sich die Menschen in vielen Jahrzehnten der Inflation und der Weltwirtschaftskrise, des Krieges und der Währungsreform antrainiert hatten. Lieber legte man einen Notpfennig zurück, bevor man Geld für unnötige Dinge ausgab. Erst als das Wirtschaftswunder nicht mehr übersehen werden konnte, trauten sich die kleinen Leute an größere Anschaffungen. Bis es so weit war, wurden ein paar Wochen vor Weihnachten noch die Puppen vom Christkind »abgeholt« und lagen dann wieder, ausstaffiert mit neuen Kleidern, unter dem Baum. Dazu gab es einen Füller oder Farbstifte mit Büchern zum Ausmalen. Auch für den Kaufladen hatte sich das Christkind ein paar zusätzliche Kleinigkeiten einfallen lassen. Darüber hinaus erhielt jedes Kind noch ein besonderes Geschenk. Das konnte ein Blechspielzeug zum Aufziehen sein, beispielsweise eine Katze, die mit einem Ball spielte, oder es war ein Tischtennisnetz für den Ausziehtisch. Denn die dazugehörige Platte wäre zu teuer gewesen ...

Vor dem Lichterbaum wurde dann die Geburtsgeschichte aus dem Lukas-Evangelium vorgelesen. Sie nahm genauso wie die Lieder noch einen festen Platz in der weihnachtlichen »Hausliturgie« ein. Anschließend teilte die Mutter Punsch aus, das preiswerte Festtagsgetränk der fünfziger Jahre, bestehend aus Weißwein, Arrak-Ersatz, schwarzem Tee, Orangen und reichlich Würfelzucker, der vorher an den Orangen abgerieben wurde. Während des Punschgenusses begannen die Mandarinen auf den Plätzchentellern immer kräftiger zu leuchten und verlockten die Kinder dazu, einander die seltenen Früchte zu stibitzen. Der erste Streit am Weihnachtsabend war vorprogrammiert...

Dabei stand dieser Abend auch noch im Zeichen der bevorstehenden Raunächte, bei denen sich heidnische Ängste und christliche Hoffnungen begegneten. Um die Geister zu bannen und alle Schrecken fernzuhalten, wurden Haus und Stall mit Weihrauch ausgeräuchert und mit Weihwasser besprengt. Am darauf folgenden Tag, dem ersten Weihnachtsfeiertag, strukturierte die Kirche den Zeitablauf dann ganz allein: mit einem Hochamt am Morgen und der Andacht am frühen Nachmittag.

Zu den weihnachtlichen Höhepunkten zählte auch das Theaterstück, das am zweiten Feiertag, dem Tag des Erzmärtyrers Stephan, von einer Laienspielerschar im Saal des Wirtshauses aufgeführt wurde.

In seinem Geschichtenbuch »Hennadäpper oder Als die Wachter Hedwig den Regenwurm verschluckte« erinnert sich Manfred Eichhorn an andere und doch ähnliche Weihnachten während der fünfziger Jahre. Dabei fungiert eine schwäbische Kleinstadt als Kulisse; wieder sorgt die Provinz für die nachhaltigsten Eindrücke – fast scheint es, als sei sie die eigentliche »Lebensform« der Adenauerrepublik gewesen. Das Weihnachtskapitel im Buch trägt den Titel »Mein Heiliger Abend«. Tatsächlich ist es die ganz persönliche, eigenwillige Erzählperspektive des Autors, die uns erst den unsentimentalen Blick in die Vergangenheit ermöglicht: in die liebenswerte Welt unter dem Dach eines Hauses, das drei Generationen beherbergt. Während das Kind auf die Bescherung wartet, erscheint ihm die Zeit wie ein Strudelteig, der sich unendlich ziehen lässt. Die Spannung wird schließlich durch einen Kinobesuch verkürzt. Aber wer kann sich Jahrzehnte später noch an den Film erinnern, wo doch die ganze Aufmerksamkeit auf die erhofften Geschenke gerichtet war? Jedenfalls lohnt es sich, festzuhalten: Noch ist das Fernsehen, der große Zeitvernichter, nicht in allen Familien angekommen.

Stattdessen wird gemeinsam gesungen, die Hausmusik gehört zum festen Beiwerk des Weihnachtsfestes in den fünfziger Jahren. Und selbstgebastelte Geschenke haben Konjunktur. Die Ranch für den Sohn stammt aus der väterlichen Werkstatt, während die Indianer und Cowboys, wie damals üblich, aus Elastolin bestanden haben dürften. Im Überschwang der hitzigen Scheingefechte konnten sie leicht zerbrechen. Groß war der Unterschied jedenfalls nicht zu den Krippenfiguren aus Plastik und so ist es durchaus nachvollziehbar, dass der Junge auf den Gedanken verfällt, die Heilige Familie in den Wilden Westen zu verpflanzen. Der Heilige Abend schließt mit einer rustikalen Vesper nach schwäbischer Art. Ein paar Stunden zuvor hatte es bereits Russische Eier gegeben, das damalige Lieblingsgericht der Deutschen, die ihren neuen, kalorienreichen Wohlstand schmecken und etwas »hermachen« wollten. Aber lassen wir Manfred Eichhorn erzählen.

Mein Heiliger Abend

»Scho wieder Weihnachta! Drbei isch mr's, als wärs grad eba erscht gwesa.« Wenn meine Mutter das sagte, um mir zum wiederholten Male weiszumachen, dass die Zeit ein Wasserfall wäre und so schnell wie die Donau in ihrer engsten Stelle dahinfließen würde, konnte ich sie nur mitleidig anschauen.

Die Zeit, das wusste ich, war ein Strudelteig, der sich endlos ziehen ließ, besonders, wenn man auf irgendetwas wartete, wie zum Beispiel auf das Ende einer Schulstunde.

Damals, als ich in der dritten Klasse war und die Lehrerin, die wir seit neuem hatten, nicht mochte, wusste ich, die Zeit ist eine Trödelsuse, schlimmer noch als die Wachter Hedwig und das will etwas heißen. Nur die Uhrzeiger der Schuluhr, die auf dem Zifferblatt entlangkrochen wie gebrechliche Greise, konnten die Wachter Hedwig in ihrer Trägheit noch übertreffen. Wenn meine Mutter davon sprach, wie schnell die Zeit verginge, tat sie mir leid. Sie wusste nicht mehr, wie es draußen in der Welt zuging. Die dritte Klasse hatte sie längst hinter sich.

Trotzig und besserwisserisch, wie ich noch immer bin, will ich ihr mit meiner Geschichte über den Heiligen Abend damals, als ich ein Drittklässler war, widersprechen. Denn endlos lang war dieser Tag und wenn er sich auch wie Strudelteig hinzog, man durfte ja naschen von ihm. Eine Kindheit passte hinein, wenn nicht ein ganzes Leben.

Er begann wie jeder gewöhnliche Tag mit dem Geräusch, das mein Bruder Karlheinz beim Kaffeetrinken verursachte. Der rührte nämlich den Zucker nicht, der schlug ihn in der Tasse hin und her. Ein Glockenschlagen in Fis war das. Und scheuchte einen, wenn man noch müde war, förmlich auf. Das Nächste, was mein sich noch im Dämmerzustand befindendes Ohr wahrnahm, waren die schnellen, trippelnden Schritte meiner Mutter durch die Wohnung. Als ob eine Maus fortwährend von der Küche in die Stube und von der Stube in die Küche unterwegs wäre, unterbrochen nur vom Husten meines Vaters, der damit das morgendliche Geräusch-Trio vervollständigte.

Nach dem Kaffee ging mein Bruder Karlheinz Weihnachtsgeschenke kaufen. Er kaufte sie immer erst am Heiligen Abend. Vorher hatte er keinen Spaß daran. Außerdem musste er auf dem Markt die Gans besorgen.

Bald roch es in der ganzen Wohnung nach Bohnerwachs. Das war mein Vater, der sich am Heiligen Abend immer in die Hausarbeit einmischte. Er tat dabei, als müsse er alles neu erfinden. Klar, dass es Streit gab. Dass mein Vater danach den Christbaum aufstellen und ihn schmücken musste, rettete den häuslichen Frieden. Da konnte er keine Störung dulden, da wäre ihm selbst seine eigene schlechte Laune im Weg gewesen. Ich half ihm kommentarlos beim Lamettaaufhängen. Im Gegensatz zu anderen Kulturen, wo das Lametta in Bündeln über die Zweige geworfen wird, arrangiert man hierzulande die Lamettafäden einzeln. Also musste ich meinem Vater Lamettafaden um Lamettafaden reichen. Und er suchte einen passenden Platz dafür. Das zog sich hin – ohne dass das Lametta danach groß aufgefallen wäre. Die Kugeln dominierten noch immer, selbst die mit Macken, die sich im Hintergrund nur von ihrer makellosen Seite zeigen durften. Zuletzt kamen die Kerzen dran, die aufrecht wie Soldaten stehen mussten, um im Ernstfall das Feuer zu halten.

Unser Krippele verkroch sich indessen unter den untersten Zweigen in aller Bescheidenheit. Die Figuren waren aus Plastilin; der Stall eine Holzschachtel mit Strohdach; damit war kein Staat zu machen. Die große Familien-Krippe meines Großvaters wurde, weil mein Großvater in diesem Jahr verstorben war, bei Onkel Franz und Tante Cilly, die über uns wohnten, aufgestellt. Ich beneidete sie deswegen.

Zum Mittagessen kam mein Bruder Karlheinz mit Geschenken bepackt zurück. Er hatte auch die Gans nicht vergessen. Meine Mutter prüfte das Gewicht und war zufrieden.

Mein Vater konnte sich vom Baum erst losreißen, als das Essen schon auf dem Tisch stand. Es war eine kräftige Suppe mit allerlei drin. Obwohl es ein ganz einfaches Mittagessen war, bekam es doch etwas vom Glanz des Tages ab. Danach gingen wir Kinder ins Kino. Mein Bruder Reinhold, meine Cousine Renate und die Zwillinge vom Nebenhaus. Auch die Wachter Hedwig und die Helene aus der Jacobsstraße schlossen sich uns an.

Das Kino war eine Dreiviertelstunde weit weg. Die Wachter Hedwig hatte Mühe, mit uns Schritt zu halten. An jeder Ecke blieb sie stehen und wartete völlig sinnlos auf irgendwen oder irgendwas. Welcher Film damals lief, weiß ich nicht mehr. Als das Kino aus war, war es schon dämmrig. Der Heimweg war spannender, als jeder Film es hätte sein können. Jeder Schritt war beseelt von Erwartung.

Unterwegs verloren wir die Wachter Hedwig. Warum blieb sie auch dauernd stehen. Dann verlief sie sich auch noch. Dass sie dem Stern gefolgt wäre, war eine Ausrede.

Zum Abendessen gab's Russische Eier. Die gab's nur am Heiligen Abend. Allenfalls noch zu Silvester. Wenn meinem Vater die Russischen Eier am Heiligen Abend schmeckten, dann sagte er: »Die kannsch du ohne weiteres ao an Silvester macha.«

Danach gab's Bescherung. Genauer gesagt drei Bescherungen.

Wir wohnten Parterre, Onkel Franz und Tante Cilly im ersten Stock und meine Großmutter in der ausgebauten Dachwohnung, die vorher die Menscherkammer gewesen war. Dort hausten vor dem Umbau die drei Menscher Karin, Suse und Inge.

Die erste Bescherung fand also in der Stube meiner Großmutter Amalie statt. Wir pilgerten im Gänsemarsch in die

Dachwohnung und quetschten uns in das kleine Zimmer, das durch den Weihnachtsbaum und die Geschenke eigentlich schon voll war. Nun drängten auch wir noch dazu. Meine Eltern, meine Brüder Karlheinz und Reinhold, Onkel Franz und Tante Cilly, meine Cousine Renate und freilich meine Großmutter, die uns aufgeregt empfing. Ich stand ganz dicht an dem kleinen Baum und musste aufpassen, dass ich beim Singen die Kerzen nicht auspustete. Mit »O du fröhliche« und »Am Weihnachtsbaum die Lichter brennen« begannen wir. Mein Bruder Karlheinz sang sich mit seiner Tenorstimme in den Vordergrund. Ohne seine Stimme aber war eine Bescherung unvorstellbar. Das Geschenkeverteilen dauerte nicht lange. Von meiner Oma bekam ich, wie im Vorjahr, ein paar selbst gestrickte Wollsocken. Ich tat, als wäre ich überrascht.
Danach ging's einen Stock tiefer, zu Onkel Franz und Tante Cilly, und zur zweiten Bescherung. Meine Cousine Renate stand jetzt im Mittelpunkt. Sie bekam als Tochter natürlich die meisten Geschenke. Ich bekam die »Deutschen Heldensagen«. Tante Cilly hatte sie mir ausgesucht. Beim Durchblättern vermisste ich die Bilder. Mein Onkel Franz hätte jetzt gerne einen Sohn gehabt, dem er eine Eisenbahn hätte aufbauen können. Aber er hatte eben nur drei Töchter. Renate war die jüngste. Gesungen wurde auch. »Süßer die Glocken nie klingen« und »Zu Bethlehem geboren«. Mein Bruder Karlheinz summte den ersten Ton vor.

Endlich ging's dann in unsere Stube. Klar, dass mein Bruder Reinhold und ich jetzt die Hauptpersonen waren. Meine Eltern natürlich auch, denn ich schenkte meinem Vater einen Drehaschenbecher und meiner Mutter eine Schachtel bunter Wäscheklammern.

Mein Bruder Karlheinz sang jetzt noch besser. »O Tannenbaum« stimmte er an, später »Ihr Kinderlein kommet«. Er sang alle anderen an die Wand und wollte auch nach »Stille Nacht« noch nicht aufhören. Dann kam der große Moment der Bescherung. Mein Vater hatte mir eine Ranch gebastelt, die von Indianern angegriffen wurde. Die Cowboys hatten so gut wie keine Chance. Zwischen den Jahren, das wusste ich schon, würde ich die Heilige Familie samt Ochs, Esel und Schafen, mit einbauen. Die beiden Hirten würden das Jesuskind entführen, die Dreikönige müssten Lösegeld zahlen.

Als jeder in seine Geschenke vertieft die übrige Welt um sich vergaß, wartete meine Mutter mit der Weihnachtsbäckerei auf. Vierzehn verschiedene Sorten waren es in diesem Jahr geworden. Unser damaliger Bundespräsident Theodor Heuss würde das später einmal eine repräsentative Verschwendung nennen.

Da die Ranch belagert war, rüstete ich die Cowboys mit Vorräten aus. Die Belagerung musste nämlich noch eine ganze Zeit lang aufrechterhalten werden, da die Christmette damals wirklich erst um Mitternacht war.

Unterwegs dorthin überholen wir die Wachter Hedwig.

Sie war schon früher losgegangen, weil sie sich einen Platz ganz vorne ausgedacht hatte. Doch musste sie irgendetwas aufgehalten haben, denn als wir die Kirche verließen, saß sie unter der Empore auf der Männerseite. Dort roch es mehr nach Schnaps als nach Weihrauch.

Daheim tischte meine Mutter noch einmal ein Vesper auf. Weißer und roter Schwartenmagen mit viel Senf und Schwarzbrot. Mein Bruder Karlheinz bestand auf einen letzten Schnaps. Meine Mutter verneinte auf Hochdeutsch: »Genug ist genug.« Ich schaute noch einmal auf die Ranch; dort lief alles nach Plan. Die Cowboys hielten, dank der Vorräte, der Belagerung noch stand. So ging ich ins Bett. Morgen war ja wieder so ein Tag. Wenn auch nicht ganz so endlos lang wie heute.

Inzwischen bin ich älter, als meine Mutter es damals war, als sie behauptet hatte, das Leben wäre ein Wasserfall und fließe dahin wie die Donau an ihrer engsten Stelle.

Bis heute aber hat sie mich nicht überzeugen können. Mich nicht und auch nicht die Wachter Hedwig, die vielleicht immer noch am Seiteneingang unserer Kirche steht und darauf wartet, dass am Himmel oben der Stern von Bethlehem erscheint.

Manfred Eichhorn
In ihrer Weihnachtsgeschichte »Alle Jahre wieder«, deren Anfang hier abgedruckt ist, erzählt Marie Luise Kaschnitz

von drei Jungen, die alle im gleichen Alter sind, ungefähr elf Jahre; der eine heißt Munk, der andere Sepp und der dritte Anton. Was sie erleben, erscheint weniger interessant als der Wandel, den die Autorin konstatiert. Es ist ein Wandel, der ganz allmählich bereits in den fünfziger Jahren eingesetzt hat. So kann man die etwas wehmütige Beschreibung durchaus als Fortsetzung und Ergänzung zu der Geschichte von Manfred Eichhorn lesen. Nichts bleibt, wie es gewesen ist. Mit dem Älterwerden vergeht die Zeit. Ihr Gesicht verändert sich. Die Erinnerung, die diesen Wandel festhält, gerät zur nostalgischen Bestandsaufnahme.

Alle Jahre wieder

Das Haus, in dem wir lebten, war in mancher Beziehung auch unerfreulich. Es war gleich nach dem zweiten Kriege eilig und aus schlechtem Material erbaut worden, und seine Wände und Decken war so dünn, dass man aus den Nachbarwohnungen, aber auch von oben und unten alle Geräusche hörte, Stimmen und Schritte, den Staubsauger und das Radio und natürlich auch am Heiligen Abend die Weihnachtslieder und die kleinen Glocken, mit denen man die Kinder zu den Bescherungen rief (...). Die erlauschten Weihnachtsabende – nun, man muss sich nicht vorstellen, dass sie einander glichen, wie eine silberne Christkugel der anderen gleicht. Ich erinnere mich, dass in den ersten Jahren überall im Hause noch Weihnachtslieder gesungen wurden und dass über vielen unreinen und schwankenden Stimmen immer eine schwebte, die so klang, wie man sich die Stimme eines Engels vorstellt, hell, unbeirrbar und rein. Später dann wurde nicht mehr gesungen, man holte sich die Musik aus dem Rundfunk, unterbrach sie auch und ließ Glocken läuten oder einen Redner reden und unterbrach am Ende auch diesen, um sich zu Tisch zu setzen, zu diesen Weihnachtsmählern, die in jeder Festzeit üppiger wurden.
In den folgenden Jahren aber war es auch mit der Radiomusik vorbei. Es wurden von den Kindern keine Gedichte mehr aufgesagt, die zitternden Töne der Bescherungsglöckchen waren nicht mehr zu vernehmen und auch nicht

die Stimme des kleinen Sepp, der früher dazu angehalten worden war, neben dem brennenden Christbaum die Weihnachtsgeschichte aus dem Lukas-Evangelium vorzulesen. Übrigens zog um diese Zeit auch der Geruch der Christbaumkerzen schon nicht mehr durch das Haus. Die Eltern des großen Anton hatten es überflüssig gefunden, dem Gymnasiasten noch einen Baum zu putzen, und die Eltern des kleinen Sepp hatten ein künstliches Ding gekauft, das sich mit Glühbirnen besteckt im Kreise drehte und dazu »Stille Nacht« spielte, welche Töne man aber auch abstellen konnte und abstellte, schon im zweiten Jahr.

Nur in der Familie Munk gab es noch einen Tannenbaum mit Lichtern. Aber diese Lichter wurden bereits nach fünf Minuten wieder ausgeblasen, weil der Vater des kleinen Munk jetzt sehr nervös war, immer einen Eimer Wasser bereit hielt und schon die ganzen fünf Minuten lang mit seiner schrillen Stimme »Ausmachen, Ausmachen« rief.

Das waren die Geräusche, die ich hörte oder auch nicht mehr hörte im Laufe der acht Jahre, während deren die Buben heranwuchsen und in die Volksschule und dann in die höhere Schule kamen. Ich hatte mir nie recht klargemacht, was sich da so langsam veränderte, so dass schließlich von Weihnachten fast nichts mehr übrig blieb als ein Tisch voller Geschenke, ein zu fettes Essen und ein unruhiger Schlaf.

Marie Luise Kaschnitz

Hier wird eine ernüchternde Bilanz, gleichsam ein weihnachtlicher Schlussstrich unter die fünfziger Jahre gezogen. Zuerst ist den Familien das gemeinsame Singen abhandengekommen, dann das Radio und schließlich der große Lichterbaum. Die Entzauberung, so scheint es, schritt unaufhaltsam voran, eine Entprivatisierung, die nichts anderes war als der Verkauf des Festes an die neue, glitzernde Warenwelt. Der Glaube und seine Attribute wurden dem wirtschaftlichen Statusdenken geopfert. Gewiss nicht überall, aber doch so oft, dass man darin einen Trend erkennen kann ...

Viele Fragen und eine jüdische Kindheit mit Adventskranz und Krippenspiel

Die fünfziger Jahre hatten, trotz der Aufbruchstimmung und des zunächst zögerlich beginnenden, sich dann aber rasant beschleunigenden Wirtschaftswunders, viele Schattenseiten. Der größte Schatten, der sich auf diese Zeit legte, war das gerade erst überwundene Tausendjährige Reich, das nichts als Trümmer hinterlassen hatte – und bleibende Schäden in den Seelen. Aber kaum jemand redete über die Vergangenheit. Außerhalb der verordneten, pflichtschuldig absolvierten Gedenkanlässe blieb sie unerwähnt.

Eine Mauer des Schweigens hielt uns Kinder davon ab, die richtigen Fragen zu stellen oder überhaupt zu fragen. Es gab nur Andeutungen, an die wir uns erst viel später erinnerten und die sich dann zum Bild einer schadhaften, unendlich mühsam wieder zusammengeflickten Zeit fügten. Alle sahen über diese Ausbesserungen hinweg, und doch ahnte jeder, wie brüchig sie waren.
Manchmal wurde der Vorhang mit einer unbedachten Bemerkung ein wenig zur Seite gezogen. Da hatte es einen jüdischen Musiklehrer gegeben, der seinen Schülerinnen, auch meiner Mutter, ganz besonders gefiel und auf einmal

nicht mehr zum Unterricht erschienen war. Eines Tages wurde er weggebracht, doch wohin, und wer verbarg sich hinter denen, die ihn wegbrachten, dabei aber seltsam anonym blieben? Am Nachmittag vor dem Heiligen Abend musste ich dem Lehrer in der ersten Klasse ein Säckchen bringen, das meine Mutter mit selbstgebackenen Weihnachtsplätzchen gefüllt hatte. Verlegen saß ich im Wohnzimmer des Lehrers und erhielt ebenfalls eines der Plätzchen. Es war noch hart und es bröselte auf den Teppich. Ich schämte mich über diese Ungeschicklichkeit. Gleichzeitig schwirrten ganz andere Gedanken durch meinen Kopf. Hatten die Eltern in unserer Gegenwart nicht davon gesprochen, dieser Lehrer – eine Respektsperson, zu der ich aufsah – sei unter den Nazis Rektor gewesen und nach dem Krieg abgesetzt worden?

Warum abgesetzt? Mir erschien der Lehrer groß und gerecht, ein strenger Übervater, der die guten Schüler mochte und die schlechten, faulen mit seinem Rohrstock strafte. Energisch pfiff der Stock auf die ausgestreckten Finger nieder, dorthin, wo es besonders wehtat, und wer seine Finger ängstlich zurückzog, erhielt gleich die doppelte Anzahl an Schlägen. So war es, und daran schien sich niemand zu stören. Derselbe Lehrer hatte sich für den Nikolaustag und für den letzten Schultag vor den Weihnachtsferien die Mühe gemacht und in seiner Freizeit mit farbigen Kreiden ein großes Bild auf die Tafel gezeichnet. Es gab noch keinen

Fernseher, es gab kaum Bücher. Wir lebten in einer bilderlosen Welt. Jetzt saßen wir, als die Klingel ertönte, in den Bänken und konnten unsere Augen nicht von dem Bild lassen. Der Nikolaus trug einen goldenen Stab, über seinen roten Mantel fiel ein wallender weißer Bart. Er schaute uns an, als würde er in unseren Gesichtern lesen. Hinter ihm ging der zottelige Knecht Ruprecht:
»Von drauß', vom Walde komm ich her;
Ich muss euch sagen, es weihnachtet sehr!
Nun sprecht, wie ich's hierinnen find'!
Sind's gute Kind, sind's böse Kind?«
Das zweite Kreidegemälde zeigte dann einen mit bunten Kugeln behängten Weihnachtsbaum. Unter seinen Zweigen lagen viele Päckchen. Auf eine so reiche Bescherung durften wir nicht hoffen, unsere fiel karger aus. Aber damals konnten wir noch keine Vergleich ziehen, das Wirtschaftswunder zeigte sich erst zaghaft ...

Wie gesagt, es war – verglichen mit der jetzigen – eine bilderlose Zeit. Die wenigen Bücher, die wir Kinder erhielten und die nicht dem unentwegt lesenden Vater gehörten, wurden im Bettkasten der Wohnzimmercouch aufbewahrt. Darunter befanden sich die Grimm'schen Märchen, ein sorgsam gehüteter Hausschatz, obwohl ich im Rückblick zugeben muss, dass es sich dabei um einen Band aus den dreißiger Jahren gehandelt hat, das Werbeprodukt einer Zigarettenmarke. Wir selbst sammelten Sanella-Bilder, die uns der Bäcker, der vor langer Zeit in meine Mutter verliebt gewesen war, augenzwinkernd zusteckte. Die Alben habe ich heute noch. Damals entführten sie uns nach Südamerika oder Australien und Neuseeland. Sie strahlten etwas Unwirkliches, Märchenhaftes aus. Doch zu dieser Zeit – das merkten wir erst viel später – hatte das Draußen zwangsläufig ein exotisches Flair. Das traf zu Beginn der fünfziger Jahre selbst für den Gardasee zu. Viele Filme, von denen wir als Kinder noch gar nichts wussten, bedienten die Sehnsucht der Deutschen, einmal wieder frei reisen zu können. Dunkel erschien ihnen das eigene Land, hell, warm und fröhlich vor allem der Süden.

Es gab freilich auch noch andere Bücher in der Bettcouch. Sie waren sorgfältig in Leinentücher eingewickelt worden und so den neugierigen Blicken des Kindes entzogen, das sie natürlich trotzdem (oder gerade deswegen) entdeckte. Meine Anfangskenntnisse im Lesen reichten aus, um die Bildunterschriften zu entziffern. Sie erzählten von Jesse Owens, einem schwarzen Sprinter bei den Olympischen Spielen 1936 (Was war das?), und von Adolf Hitler, der auch malen konnte. Immer wieder marschierten Menschen mit ausgestreckten, schräg in die Höhe gereckten Armen durch die Bilder. Als ich meinen Vater, der von der Arbeit heimkam, so stramm und voller Stolz auf der Straße begrüßte, erhielt ich – wortlos wie oft – ein paar heftig

schmerzende Ohrfeigen. Danach verschwanden die Bücher und tauchten in einem anderen Versteck wieder auf. Ich las sie immer noch, allerdings mit Gewissensbissen, die ich mir nicht recht zu erklären wusste. Weshalb jubelten die Menschen auf diesen Bildern? Immer waren sie fröhlich oder blickten erwartungsvoll in die Ferne. Die Erwachsenen, die ich kannte, schauten eher auf den Boden. Sie arbeiteten viel und eine große Schweigsamkeit füllte das Land.
Wenig später entdeckte ich die Pfarrbücherei mit ihren Büchern und fand Anschluss an ganz andere, spannendere Lesewelten. Die Vergangenheit blieb dabei weiterhin ausgespart. Nur manchmal kroch sie durch die Ritzen unseres Lebens, war plötzlich da, voller Rätsel, unerklärt und bedrückend. Was hatte meine Mutter gemeint, als sie von den Möbeln erzählte, die in einem Pavillon ausgelagert worden waren, zum Schutz vor der Besatzungsmacht, den Franzosen? Sie klagte über die aufgebrochenen Türen und sprach, wenn sie uns vergaß, auch über die Neger, vor denen sich die Frauen versteckt hatten. Wie sah ein Neger aus? Ich hatte noch keinen gesehen, bis ich dann in den Ferien zu meiner Tante nach Rottweil kam. Da schaute ich vom Dachfenster aus zu, als die französischen Soldaten am Morgen vor ihrer Garnison, dem zweckentfremdeten Amtsgericht, paradierten. Einer der Soldaten, ein dunkelhäutiger Riese, trug Pantoffeln an den Füßen, darüber musste ich laut lachen, bis mir die Tante den Mund zuhielt. Wie ein

Puzzle erschien mir die Vergangenheit. Immer fehlten ein paar Teile, die von den Erwachsenen zurückbehalten, versteckt, unterschlagen wurden.

Wer waren die Juden? Ich weiß nicht mehr, ob ich als Kind jemals den Judenfriedhof in meiner Heimatstadt gesehen habe. Er lag weit draußen vor dem Ort, in einem kleinen Wäldchen, sorgsam abgeschirmt gegen neugierige Blicke. Vielleicht sind wir einmal bei einem Schulausflug an ihm vorbeigegangen. Heute wird er immer noch von dem Wäldchen beschützt, aber die Stille ringsum ist dem Lärm einer Industrieansiedlung gewichen. Als ich ihn vor einigen Jahren besuchte, wurden die ins Moos gesunkenen Steine gerade von eifrigen Jugendlichen geputzt. Die jungen Leute wussten vermutlich nicht, dass das geduldete, gewollte Verwittern der Inschriften, selbst der Steine, eine Botschaft für uns Lebende ist. Über diese Reinigungsaktion berichteten die Zeitungen. Bald danach wurde der renovierte Friedhof geschändet und die furchtbaren Geister der Vergangenheit meldeten sich zurück.

Am meisten erschrak ich jedoch, als ich von der Synagoge erfuhr, die in der Oberstadt prächtig restauriert worden war und inzwischen besichtigt werden konnte: eine noble Gedenkstätte, ein festlicher Veranstaltungsort für ein gebildetes Publikum. Durch die Gasse, in der die Synagoge lag, war ich als Schulkind häufig gegangen; in einem der Nachbarhäuser hatte ein Klassenkamerad gewohnt. Aber keiner der Erwachsenen, die es doch wissen mussten, erzählte uns jemals von der Synagoge. Die Omertà der fünfziger Jahre, ihre fast schon an das Gebaren der Mafia erinnernde Verschwiegenheit – sie hinterließ blinde Flecken in unserer Heimatkunde, sie zeugte von einer Schuld, die durch das Verschweigen nicht kleiner wurde. Immerhin hatte es in meiner schwäbischen Heimatstadt einmal eine selbstbewusste jüdische Gemeinde gegeben, aus der berühmte Persönlichkeiten hervorgegangen waren. Jetzt erzählten davon nur noch ein Friedhof und eine rätselhaft schöne Synagoge, die der Kultur und nicht mehr dem Glauben dient.

Es gibt kaum schriftliche Zeugnisse von Juden, die in den fünfziger Jahren einen Neubeginn in unserem Land wagten. Auch bei ihnen herrschte die Sprachlosigkeit, freilich nicht durch Scham oder Feigheit hervorgerufen, sondern durch Bitternis und Trauer. Umso mehr überraschte die jüdische Kindheitsgeschichte von Laura Waco, die 1996 erschienen ist. Die Autorin war da schon längst nach Kanada ausgewandert und lebte inzwischen in Kalifornien. Ihre Erinnerungen mit dem Titel »Von Zuhause wird nichts erzählt« liefern ein farbiges, bis in kleinste Kleinigkeiten stimmiges Panorama der fünfziger Jahre.
Laura ist die Tochter jüdischer Eltern, deren Holocaust-Erfahrungen – der Vater wurde aus dem KZ Dachau befreit – die Gegenwart schwarz grundieren. Aber Laura und ihre

kleinere Schwester Berta haben sich trotzdem einen unbefangenen, manchmal fast zärtlichen Blick auf die deutsche Umgebung bewahrt. Während sich die Eltern scharf abgrenzen und untereinander polnisch oder jiddisch reden, richten sich die Kinder in einer christlich-jüdischen Doppelwelt ein. Daheim feiern sie Hanukkah, das Fest der Wiedereinweihung des Tempels, und im Kindergarten Nikolaus und Weihnachten. Während in den Wohnungen der Nachbarn die Christbäume duften, blicken die jüdischen Stögers auf die Menorah, den siebenarmigen Leuchter. Wir schreiben das Jahr 1951. Die hergebrachten Formen der Frömmigkeit bestimmen den Alltag. In Freising, der alten Bischofsstadt an der Isar, ist der kommerziell degenerierte Weihnachtsmann noch nicht angekommen:

Weihnachten und Hanukkah

Die Tante in Kanada hat mir ein Paar weiße Pelzstiefel in einem Paket geschickt, und sie passen mir sogar. Mir tut die Berta leid, weil sie keine bekommen hat. Die Tante hat nur ein Paar geschickt und für die Berta sind sie zu groß. Als der Nikolaus und der Knecht Ruprecht uns im Kindergarten besuchen, trage ich die neuen Stiefel und neue Gamaschenhosen unterm juckenden Kleid, und im kurzen Haar auf der rechten Seite eine steife, weiße Schleife, halb so groß wie mein Kopf. Ich hab schon Kopfweh von der Schleife.

Der Nikolaus blättert im goldenen Buch, wo die Namen von den guten Kindern verzeichnet sind. Hinter meinem Rücken steht die Berta und heult, weil sie sich vor dem Knecht Ruprecht fürchtet. Ich mich auch, aber ich heul nicht gleich.
»Laura, lass' mich nicht in seinen Sack rein.« Sie zappelt hinter mir und zieht an meinem Ärmel.
»Berta Stöger«, der Nikolaus räuspert sich, »artiges Kind!« Hinter mir höre ich einen erleichterten Seufzer.
»Aber was steht da, mein liebes Kind?«, fragte der Nikolaus.
»Muss sich bessern im Umgang mit Puppen«, sehe ich.
»Willst du mir das versprechen, Berta?«
»Ganz bestimmt, Herr Nikolaus, ganz bestimmt!« Die Berta nickt eifrig mit Tränen in den Augen.

Der Nikolaus lässt sich schwerfällig auf einem Stuhl nieder und verteilt Geschenke an alle artigen Kinder und brummt in seinen weißen Bart, dass er noch niemals so viele Namen auf der guten Liste gesehen hat.
»Lieber Nikolaus, als Dank für deine Güte werden die Geschwister Laura und Berta Stöger ein Gedicht vortragen«, verkündet die Tante Maria und lächelt mir aufmunternd zu. Was für ein Gedicht? Ich kann mich an kein Gedicht erinnern. Der Nikolaus ist vom Stuhl aufgestanden. Warum hat er eigentlich so komische Schuhe an? Die sehen aus wie Stöckelschuhe. Die Berta sagt ein langes Gedicht auf. Ich stehe da wie eine blöde Kuh und halte meinen weißen Kragen mit beiden Händen fest. Der Nikolaus merkt nicht, dass meine Lippen zu sind, und legt seine Hand auf meine Schulter. Das goldene Buch klappt er zu und schaut ganz verwundert auf die Berta, die mit Mund und Händen spricht. Dann fragt sie den Nikolaus, ob er vielleicht ein Lied hören will. Jetzt erinnere ich mich auf einmal an das Gedicht, aber es ist zu spät, die Berta singt ein Lied, und an das Lied kann ich mich nicht erinnern. Jeder sagt, dass die Berta ein gescheites Kind ist.

Der Papa kommt an einem Abend als Nikolaus verkleidet zu uns und bringt uns einen roten Omnibus und eine blaue Straßenbahn mit einem weißen Streifen zum Spielen. Das finden wir sehr schön, weil die zwei Sachen so viel Krach auf dem Fußboden machen, wenn man sie mit der Hand anschubst, und die Straßenbahn klingelt sogar, aber die Mutti kann den Lärm nicht vertragen und fragt den Papa, wozu wir das gebraucht haben.

Am nächsten Abend zünden die Mutti und der Papa zwei blaue Kerzen auf einem Leuchter an und erklären uns, dass wir Hanukkah feiern, weil wir keine Christen sind und weil wir keinen Christbaum haben, sondern eine Menorah. Der Papa liest aus einem Gebetbuch, als er die vordere Kerze anzündet, und erklärt uns, dass in Hebräisch alles von rechts nach links geht anstatt von links nach rechts, und deshalb muss man die Kerzen auf der Menorah von rechts nach links aufstellen. Die vordere Kerze ist die wichtigste, weil man mit der die anderen anzündet. Als der Papa fertig ist mit dem Beten, legt er das Gebetbuch weg und singt ein fröhliches Lied zusammen mit der Mutti und will, dass wir mitsingen. Am achten Abend bei der achten Kerze ist das Hanukkah-Fest zu Ende und deshalb gibt der Papa uns Geld, mir mehr als der Berta, weil ich die Ältere bin.

Im Kindergarten steht ein Christbaum und nebenan im Hort auch und im Wohnzimmer bei der Familie im Parterre von unserem Haus steht auch einer. Der ist mit silbernem Lametta und leuchtenden Kugeln geschmückt, und leckere Süßigkeiten in farbigem Silberpapier verpackt hängen an schimmernden Fäden von den Tannenzweigen. Er ist so schön, aber wir haben keinen Baum.

Unten bei der Familie mit dem Christbaum gibt es viele Geschenke und die Wohnung duftet nach Tannen und Kerzen und nach gebratener Gans und es ist warm und gemütlich. Die Leute sind nett zu uns und lassen uns mit dem neuen Puppenhaus spielen.

Ein Jahr danach scheint sich nichts verändert zu haben. Oder doch? Im Kindergarten brennen die Kerzen am Adventskranz und die Kleinen singen die alten Weihnachtslieder, denen die Zeit nichts anhaben kann. Doch neben das Vaterunser und das Kreuzzeichen treten hebräische Gebete. Eine Spannung wird deutlich, die aber den Kindern (noch) nicht wehzutun scheint. Im Hort bei den Schwestern proben sie ein Weihnachtsstück. Diese Tradition der Krippenspiele, die in den fünfziger Jahren zur Vorbereitung fast jedes Weihnachtsfestes gehörte, hat inzwischen viel an Kraft verloren. Warum eigentlich? Laura und Berta jedenfalls dürfen als Engel mitspielen und am Abend der Aufführung sitzen ihre Eltern in der ersten Reihe. War das der Grund, weshalb die Kinder später in die evangelische Volksschule geschickt wurden und nicht zu den Nonnen? Also doch Fremdheit, unausgesprochen. Also doch eine (noch viel zu nahe) Vergangenheit, die sich in die Gegenwart einmischte ...

Im September zähle ich zu den Großen im Kindergarten von der Tante Maria. Der Papa kauft mir eine kleine braune Ledertasche mit einem Druckschloss aus Metall für meine

Brotzeit und die nehme ich mit, wenn wir Ausflüge mit dem Zug unternehmen, um unsere nähere Umgebung kennenzulernen. An der Grenze jeder neuen Ortschaft steht der leidende Heiland ans Kreuz genagelt. Meistens machen wir Brotzeit neben dem Friedhof auf einer Bank oder im Gras unter einer Eiche.

Als der Winter anrückt, wird es zu kalt für Ausflüge. Am Nachmittag ist es schon früh dunkel. Im Kindergarten brennen die dicken roten Kerzen am Adventskranz und in einer Ecke des Spielzimmers steht der Weihnachtsbaum in voller Pracht. In ihren Bettchen liegen die Puppen zugedeckt und gut versorgt und wir singen: Leise rieselt der Schnee, still und starr ruht der See, weihnachtlich glänzet der Wald, freuet euch, 's Christkind kommt bald.
Mit Uhu, Schere und Papier basteln wir eifrig und mit heißen Backen. Bleibt der Uhu auf Händen und Gesicht kleben, so ziehen wir ihn ab wie eine alte Haut nach einem Sonnenbrand. Die Tante Maria hängt unsere weißen Schneeflocken und goldenen Sterne an den Fenstern vom Kindergarten auf, damit die Mütter und Väter unsere Leistungen bewundern können, und zur Belohnung schenkt sie uns durchsichtige Hauchbilder in Lila und Rosa und Grün. Wenn es mal viel Schnee hat, holt uns der Papa mit dem Schlitten ab. Es ist ein großer brauner Holzschlitten mit gerundeter Rückenlehne, die man abschrauben kann. Auf

dem Schlitten liegt ein grauweißer Katzenfellsack ohne Futter. In den schlüpfen wir rein und »Eins, Zwei, Drei, Letzgo« ruft der Papa, und mit einem Ruck geht es vorwärts und wir sausen los durch den blitzenden Schnee in der weißen Abendlandschaft und möchten gar nicht ankommen, aber der Papa schon, denn er hat Pferd spielen müssen und den Schlitten gezogen.

Vor Weihnachten kommt Hanukkah. Jetzt können wir Papas Lied, das Maos Zur, auswendig in Hebräisch singen. Der Papa lacht und freut sich. Er singt voller Inbrunst und schwankt mit seinem Oberkörper vorwärts und rückwärts und nach rechts und nach links. Der Papa bringt uns hebräische Gebete bei, eins für Gemüse und Früchte, eins für Brot und Kuchen und eins für Wein, und alle haben denselben ersten Teil, aber einen verschiedenen zweiten. Vor jeder Mahlzeit müssen wir die Gebete sagen und bald können wir sie im Schlaf herunterleiern. Im Kindergarten bei der Brotzeit murmeln wir sie schnell vor uns hin, ganz leise, damit es niemand hört. Aber das Vaterunser können wir auch auswendig und das sagen wir jeden Morgen laut im Kindergarten mit den anderen Kindern und wir falten die Hände dabei und am Ende vom Beten machen wir viermal das Kreuz mit dem rechten Daumen, zweimal senkrecht und zweimal waagrecht, und sagen: »Im Namen des Vaters, des Sohnes und des Heiligen Geistes, Amen.« Das ist so feierlich, dass wir nach dem Amen nicht so laut reden wollen.

Wenn die Mutti und der Papa spät nach Hause kommen, gehen wir rüber zu den Nonnen im Hort gleich neben dem Kindergarten. Dort schauen wir den älteren Schulkindern bei den Proben für das Weihnachtsspiel zu.

In einer Reihe stehen die Engel in weißen langen Kleidern mit goldenen Gürteln und goldbestickten Krägen. Die traurige Maria mit ihrem seidigen blonden Haar und blauen Augen ist die Allerschönste. Der Joseph ist der einzige Knabe in dem Krippenspiel. Das Jesuskind ist eine Puppe. Die Nonnen finden, dass die Berta wie geschaffen ist für die Rolle vom Engel, der den Josef und die Maria mit einer Laterne in der Hand in der finsteren Nacht zur Herberge führt, weil sie klein ist und gescheit und gut reden kann. Außerdem fehlt ein schweigender und schüchterner Engel, der dastehen und singen und schön aussehen soll. Das bin ich.

Nach einigem Hin und Her sind die Mutti und der Papa mit unserer Schauspielerei einverstanden und wir dürfen zur Kostümanprobe, wo ich ein langes weißes Kleid mit einem goldenen Gürtel und kurzen Ärmeln bekomme. Die Berta trägt ein ähnliches, aber ohne Gürtel und mit langen breiten Ärmeln und goldener Borte. Auf den Köpfen haben wir Reifen mit goldenen Sternen.

Am Abend der Aufführung ist der Saal im Hort voll gestopft mit Zuschauern und in der ersten Reihe sitzen die Mutti und der Papa. Jeder fragt, wer die zwei Kleinen sind.

Die Neuen. Die gehören doch gar nicht zum Hort. Wer sind denn die? Die sind ja so hübsch. Die Stöger Mädels. Vom Kindergarten nebenan. Jüdische Kinder? Ja so was. Aber goldig sans doch, die zwei.

Laura Waco

Das sind Erinnerungen mit Zwischentönen. Die »Stöger Mädels« gehören, obwohl sie als Engel an der Krippe stehen, nicht wirklich dazu. »Aber goldig sans doch« – in diesem Kompliment drückt sich gleichzeitig die Distanzierung aus. Es gibt keine Beschreibungen des Kinderalltags während der fünfziger Jahre, die so schmerzgenau sind wie jene von Laura Waco. An Weihnachten, dem Fest der Versöhnung und des Neubeginns, zeigt sich das besonders deutlich. Was im Tausendjährigen Reich so furchtbar zerrissen wurde, kann nicht mehr ohne weiteres zusammengeknüpft werden. Christen und Juden leben nebeneinander. Es wird noch viele Jahrzehnte dauern, bis daraus ein nach wie vor gefährdetes Miteinander erwächst.

Die geteilte Welt

Einen Begriff gab es, der mehr als alle anderen die fünfziger Jahre charakterisierte. »Kalter Krieg« – so lautete dieser Begriff. Die Sieger des Zweiten Weltkriegs hatten sich schon bald nach 1945 zerstritten. Anstelle des ersehnten Friedens setzte ein Wettrüsten ein, das aus der Erde ein Pulverfass zu machen drohte.

Die konkurrierenden Weltmächte bauten ein riesiges Waffenarsenal auf. Langstreckenraketen mit atomaren Sprengköpfen waren jetzt in der Lage, fast jeden Teil der Welt zu erreichen. Nirgendwo zeigte sich dieser Kalte Krieg deutlicher als am Eisernen Vorhang, der ganz Europa teilte. Er trennte Länder, er trennte Familien. Zwei völlig unterschiedliche politische Systeme, zwei Blöcke standen sich gegenüber: die demokratisch organisierten Bündnispartner der USA im Westen und die kommunistisch regierten, von der Sowjetunion am kurzen Zügel geführten Volksrepubliken im Osten.
Ich erinnere mich noch an zahlreiche Diskussionen unter den Erwachsenen. Als Kind verstand ich sie kaum. Aber ich hörte den Ton der Angst heraus, die beginnende Panik bei jeder neu aufflammenden Krise. Selbst die Stimmen im Radio, das dann stundenlang eingeschaltet blieb, hatten etwas Vibrierendes, ein pathetisches Tremolo, in dem die Mög-

lichkeit eines weiteren, noch verheerenderen Krieges fast körperlich spürbar war. Ein Gespenst ging um: Was sollten wir tun, wenn die Russen einmarschierten? Am größten war die Sorge bei unseren Nachbarn in der Vertriebenensiedlung. Schließlich hatten sie die Gräuel während der Schlussphase des letzten Krieges besonders leidvoll erfahren. Damals sprach kaum jemand davon, dass das Elend der Vertreibung eine Folge des nationalsozialistischen Machtwahns gewesen ist. Die Erinnerung funktionierte in den fünfziger Jahren noch sehr einseitig. Vielleicht kann man auch gar nicht gerecht sein, wenn im eigenen Erleben die Grenzen zwischen Tätern und Opfern fließend geworden sind und Unrecht mit Unrecht vergolten wird. Erst später lernten wir, genauer hinzuschauen und die Ursachen von den Wirkungen zu trennen.

Jetzt aber herrschte die Angst, und dafür gab es zahlreiche, immer neue Gründe: von der Berlinblockade über den Koreakrieg und die Proteste der ostdeutschen Arbeiter am 17. Juni 1953, kurz nach Stalins Tod, bis zum Ungarnaufstand im Jahr 1956. Jedes Mal schien der Krieg schon vor unserer Haustür zu stehen. Weil aber der Eiserne Vorhang viele Schlupflöcher hatte, vor allem in der zweigeteilten Stadt Berlin, rissen in den fünfziger Jahren die Verbindungen zwischen West und Ost noch nicht ab. Dafür sorgte dann erst der Mauerbau, der freilich auch den inneren

Druck in der DDR so stark erhöhte, bis selbst die Grenzbefestigungen diesem Druck nicht mehr gewachsen waren.
Trotz aller Verbindungen »nach drüben«, die weiterhin bestanden, verschärften sich im Kalten Krieg die Unterschiede zwischen den beiden deutschen Teilstaaten und ihren Gesellschaften. Das blieb nicht ohne Auswirkungen auf das Weihnachtsfest und die Art, wie es gefeiert wurde. Gabriele Bondy hat darüber eine Geschichte geschrieben, die bei aller ironischen Leichtigkeit auch sehr bitter ist. Sie spielt in den Anfangsjahren der DDR, denn die Abrechnung mit Jossif Wissarionowitsch Stalin, der am 5. März 1953 starb, steht noch aus. Der ideologische Frühling – er lässt noch auf sich warten. Stattdessen hängen überall die Bilder des Diktators als Ausdruck eines übersteigerten Personenkults. Für das Kind aber, das die Großmutter begleitet, verkörpert dieser Mann mit Schnurrbart niemand anderen als »Väterchen Frost«. Wusste das Kind eigentlich, wie recht es damit hatte? Denn dass die Beziehungen zwischen den Staaten frostig geworden sind, dafür hat Stalin die Hauptverantwortung. Und aus seiner atheistischen Propagandaküche stammt auch das seltsame Väterchen, das freilich – schaut man genauer hin – durchaus verwandte Züge mit dem kapitalistischen Weihnachtsmann aufweist.
Leitmotiv der Weihnachtsgeschichte von Gabriele Bondy sind die Apfelsinen. Sie kommen von weit her und weil es sie nur selten gibt, werden sogar ihre Schalen gegessen:

»kleingeschnitten und mit Zucker bestreut«. Gleichzeitig verkörpern sie so etwas wie eine »Verheißung«, weil sie die Sonne und die Wärme, aber auch die Fremde und die Freiheit in sich tragen. Nichts von dem ist für die Großmutter und ihre Enkelin erreichbar. Stattdessen müssen sie sich bei ihrer Einkaufstour in lange Warteschlangen einreihen. Selbst alltägliche Dinge wie die Kohlen sind rationiert, man bekommt sie nur auf Marken. Es wäre aber bloß die halbe Wahrheit, wenn man für diesen Mangel allein das kommunistische System der Zwangswirtschaft verantwortlich machen würde. Mindestens genauso großen Anteil daran hatten die hohen Reparationen, die der DDR bis Ende 1953 von ihrer »Schutzmacht« Sowjetunion auferlegt wurden.

Die Spaltung des Landes – das wird in dieser Geschichte schmerzhaft deutlich – reicht tief in die Familien hinein. Während ein Onkel die Russen als Freunde und Befreier verteidigt, sehen die anderen in ihnen eher Besatzer und Ausbeuter. Trotzdem erweist sich das Weihnachtsfest, zu dem alle zusammenkommen, auch im Osten Deutschlands als Friedensstifter. Oder wird die Versöhnung eher durch den selbstgemachten Obstwein bewirkt? Irgendwo spielt jemand sogar »O du fröhliche« und die Mutter summt leise mit. So lässt sich doch noch hinter allen politischen Diskussionen und Enttäuschungen die christliche Weihnachtsbotschaft heraushören, versteckt zwar, aber hartnäckig.

Das Kind, das genug hat von Weihnachten, rollt sich schließlich mit seiner Puppe müde in eine Sofaecke. Dabei dürfen die Geschenke der Verwandten aus dem Westen – »Puppenkamm, Puppenbürste und Puppenspiegel aus rosa Kunststoff« – nicht fehlen. Auch vor der DDR macht die Kunststoffwelt nicht halt, sie verändert die Farben und sie hält sich dort länger als anderswo. »Was es nicht alles gibt, im Westen!«, rufen die beiden Tanten. Diese ständig wiederholte Feststellung, diese Neid- und Bewunderungsformel wird eines Tages stärker zum Untergang der DDR beitragen als alle politischen Richtungsauseinandersetzungen ...

Doch so weit sind wir in den frühen Fünfzigern noch lange nicht. Oder zeigt der künstliche Christbaum, der als Geschenk aus dem Westen eintrifft, wirklich dessen Überlegenheit an? Eher schon die beginnende Veräußerlichung des Weihnachtsfestes, das hinter seiner glitzernden Oberfläche nichts mehr verbirgt. Wo der Schein alle Aufmerksamkeit für sich beansprucht, wird die Welt leer und kalt. Folgen wir also lieber Großmutter Frieda und ihrer Enkelin bei der Suche nach den »orangefarbenen Verheißungen von anderswo«:

Ein Weihnachtsgeschenk von Väterchen Frost

»Wer ist der Mann auf dem Bild?«, fragte ich Frieda. – »Welcher?« – »Der mit dem Schnurrbart. Ist das Väterchen Frost?« – »Das ist Stalin.« – »Wohnt der auch hier?« – »Nein.« – »Wo denn?« – »In Moskau«, antwortete sie. – »Aha, in Moskau«, sagte ich.

Frieda hatte noch keine Apfelsinen ergattert. Eine Tatsache, die sie nicht ruhen ließ. Es war kurz vor Weihnachten, und sie hatte es sich in den Kopf gesetzt, die ›bunten Teller‹ mit einer Südfrucht zu krönen. Weder im Konsum noch in der HO war sie fündig geworden – und in den kleinen privaten Läden, die außer schlappen Kohlköpfen wenig anzubieten hatten, schon gar nicht. Frieda fragte routinemäßig in jedem Geschäft, an dem sie vorbeikam, nach Apfelsinen. Meist guckten die Verkäuferinnen missmutig unter ihren weißen Verkäuferinnen-Häubchen hervor. »Apfelsinen, bei uns? Nein, nicht, dass ich wüsste.« Manche brachten immerhin ein gequältes Lächeln zustande oder zuckten einfach hilflos mit den Schultern. Eine Geste, die eigentlich alles sagte ...

Friedas Fragerei war also wirklich abwegig. Denn hätte es tatsächlich Südfrüchte oder eine andere Mangelware gegeben, dann wäre da eine Schlange von Leuten bis auf die Straße hinaus gestanden, so dass jeder, der vorbeikam, gleich Bescheid gewusst hätte, wirklich, jedes Kind sogar. Und deswegen war mir die Tour mit meiner Großmutter

ziemlich peinlich. Sie ließ sich aber nicht abbringen davon. »Es ist ein Spiel. Wollen wir mal wetten, ob wir heute Apfelsinen erwischen oder nicht?« – »Nein!« Aber das überhörte sie.
»Was man sich vorgenommen hat, soll man nicht so leicht aufgeben.« Ich nickte. Auf Apfelsinen war ich gar nicht so versessen. Oder musste man das sein, weil sie so selten waren? Wir aßen sogar die Schalen, kleingeschnitten und mit Zucker bestreut, um nichts zu verschwenden.
Aber Apfelsinen bedeuteten mehr. Apfelsinen kamen von weit her, aus fernen Ländern: Wo sich Palmen im Wind wiegten. Wo es Tiger gab, Elefanten und Zebras. Wo es immer warm war. Wo niemand Kohlemarken brauchte oder Wintermäntel. Wo man im Meer baden konnte. Apfelsinen waren Glücksbälle. Orangefarbene Verheißungen von anderswo. Sonnenkugeln in unseren Händen. Deshalb wollte sie Frieda unbedingt. Als ein Zeichen. Das begriff ich erst später, viel später. An diesem Tag in der Vorweihnachtszeit jedenfalls nicht. Und sie vielleicht auch nicht, sonst hätte sie mir sicher was gesagt.
Ich tappte mit wenig Begeisterung weiter mit. Was blieb mir anderes übrig? Um mich aufzumuntern, versuchte ich mir auszumalen, was in dem Paket sein könnte von Onkel Alwin aus dem Westen. Hoffentlich war auch für mich was drin ... Letztes Jahr hatte er mir einen winzig kleinen künstlichen Weihnachtsbaum geschickt, mit allem Drum

und Dran – bunten Kugeln, roten Kerzen und einer silbrigen Spitze sogar. »Wenn man nicht dran glaubt, wird auch nichts draus«, orakelte Frieda weiter. »Für alles, was du haben willst, musst du kämpfen!« Ihre Augen blitzten. Auf einmal kam sie mir ziemlich fremd vor. Erschrocken griff ich nach ihrer Hand.

»Noch ein Geschäft, ja? Dann sind wir alle durch«, ihre Stimme klang erstaunlich munter, für all die Schlappen, die sie heute schon erlitten hatte. Der umgehängte Fuchskragen – aus Friedenszeiten – gab Frieda das Aussehen einer vornehmen Dame. Ich tippelte wie Aschenputtel neben ihr her, mit gesenktem Blick, als gälte es, die Linsen zu finden, die die böse Stiefmutter in die Asche geschüttet hatte ...

Als wir im Begriff waren, auch den letzten Laden unverrichteter Dinge wieder zu verlassen, hatte die Verkäuferin bereits begonnen, emsig im hintern Teil des Ladens herumzuwirtschaften, als gäbe es da jede Menge Unaufschiebbares zu tun. Ganz unvermittelt rief sie uns nach: »Beim VEB-Backwaren gibt es Dresdner Stollen!« – »Danke«, sagte Frieda knapp, »ich backe selber.« Das mit den Genossen, die sich ihretwegen die Zähne ausbeißen könnten an den Stollen vom VEB-Backwaren, hörte außer mir zum Glück keiner.

Frieda zischte wie die Schlange im Weihnachtsmärchen. Ihr Unmut galt den »Lügnern in Berlin«, den »Banditen in Moskau«. Und dann ging es gegen den Kommunismus im

Allgemeinen und die falschen Versprechungen im Besonderen. Wer hatte denn Apfelsinen versprochen? Und wo stand das geschrieben? Auf den Spruchbändern jedenfalls nicht, die an allen Ecken und Enden der Stadt hingen und die ich leidenschaftlich studierte, seit ich lesen konnte. Oder war es umgekehrt: Konnte ich lesen, weil es überall Aufschriften gab, die es zu entziffern galt? Die Parolen riefen jedenfalls jeden auf, für den Weltfrieden zu kämpfen. Oder sie prophezeiten den Sieg über den Kapitalisten. Um Apfelsinen ging es eigentlich nie. Denn damit hätte ich ja sofort etwas anfangen können, während ich mir das mühsam gemerkte Wort »Kapitalisten« von meinem Onkel, der sich gut auskannte mit »politischen Sachen«, erklären lassen musste.

»Kapitalisten«, hatte er erwidert, »sind Leute, die arme Länder ausbeuten, die Menschen dort schlecht behandeln und ihnen ihre Produkte – beispielsweise Kakao, Tabak oder Apfelsinen – wegnehmen, um sie teuer zu verkaufen.« Deshalb weigerte er sich standhaft, Schokolade, Zigaretten, Kaffee oder eben Apfelsinen auch nur zu kosten. Denn die kamen schließlich aus dem Westen, von den Kapitalisten also. »Kamel«, sagte Frieda dann immer verächtlich, wenn er weg war. »Was du dich nur aufregst«, knurrte Heinrich aus seinem Sessel heraus, in dem er es sich bei einer Tasse Kaffee aus dem Westen und dem »Eulenspiegel« aus dem Osten gerade gemütlich machen wollte. »Du hättest deiner Tochter ja verbieten können, einen Kommunisten zu heiraten.« – »Was heißt denn hier meine Tochter? Du warst wohl nicht mit von der Partie?«

Immerhin räumte Frieda gerechtigkeitshalber ein, dass ihr Schwiegersohn wenigstens kein »Hallodri« sei, so wie Heinrich einer gewesen sei, einer also, der viel Geld für Zigarren, Motorräder und Pferderennen ausgegeben habe und seinen Lehrmädchen hinterhergelaufen sei. Jedes Mal, wenn ich mir vorstellte, wie mein Großvater mit wehendem weißem Friseurmantel aus dem Laden stürzte, um Lehrmädchen hinterherzulaufen, musste ich laut loslachen. Aber die Zeiten hatten sich ja längst geändert. Von Lehrmädchen konnte keine Rede mehr sein. Wovon hätte er sie auch bezahlen sollen, wenn er für einen Haarschnitt nur 75 Pfennige bekam? Das Motorrad war gestohlen worden. Und die Pferderennen hatten die Kommunisten abgeschafft. Das war nun ausnahmsweise mal in Friedas Sinne . . . Blieben also nur die Zigarren. »Ein furchtbares Laster«, stöhnte sie, »dieser Gestank!« Und riss sofort irgendein Fenster sperrangelweit auf. Leicht konnte es Frieda keiner recht machen. Mir schon. »Komm, wir gehen zu Weirichs«, schlug sie vor. Und ich hüpfte vor Begeisterung. Weirichs Papierladen war mein Lieblingsgeschäft zu jeder Jahreszeit, und ganz besonders zu Weihnachten. Da verwandelte es sich nämlich in eine glitzernde Zauberhöhle. Sterne aus Goldpapier schwebten von der Decke herab. Selig lächelnde Engel mit echtem Engelshaar hielten winzige Kerzen in ihren durchsichtigen

Wachshändchen. Schneebestäubte Glaskugeln baumelten an Tannenzweigen. Und an der Kasse stand ein Korb mit ausgehöhlten vergoldeten Walnüssen, in denen kleine Zettel steckten mit Versen drauf, die Herr Weirich eigenhändig mit grüner Tusche geschrieben hatte. »Eine Heidenarbeit!«, die ihm aber doch sehr viel Spaß machte. Er schenkte mir drei goldene Nüsse und wickelte sie sorgfältig in raschelndes Seidenpapier. Oh, Weihnachten! Ob es schneien würde? Herr Weirich meinte, ja. Seine Frau brachte heißen Holundersaft mit Honig.
Die Apfelsinen hatte ich fast vergessen. Frieda nicht. »Warum gehen Sie nicht ins Russen-Magazin, da gibt es Apfelsinen«, schlug Frau Weirich vor. »Das ist jetzt im Offiziers-Casino in der Stadthalle.« Frieda sagte lahm, dass sie sich das noch überlegen müsse. Ich spitzte die Ohren ... Das Russen-Magazin war ein geheimnisumwitterter Ort und das Offiziers-Casino erst recht. Nur selten durften da Deutsche rein. »Und wenn uns die Russen verhaften und nach Sibirien verschleppen?« – »Unfug«, fuhr mich Frieda an. »Wer hat dir denn das erzählt, so ein Quatsch. Und sag lieber Sowjets, ja!« Und dann flüsterte sie etwas, was ich nicht verstand ...
»Wo hat es eigentlich die Apfelsinen gegeben?«, fragte mein Vater neugierig, als am Heiligabend die Bescherung vorüber war. »Na, im Konsum mal nicht ...«, konterte Heinrich. Ich sah Friedas wütenden Blick. »Ist doch egal,

woher sie sind, jedenfalls schmecken sie wunderbar, kleine feste Früchte, zuckersüß.« Vorsichtig hatte meine Mutter eine Apfelsine zerteilt und schob sie mir stückchenweise in den Mund. Tief im Inneren wusste ich ganz genau, wie ich mich in den nächsten Minuten zu verhalten hatte ... Und doch, kaum waren die Apfelsinenschnitze verzehrt, sprangen mir die Worte einfach aus dem Mund wie die Kröten im Märchen. Ich konnte sie nicht runterschlucken, diese verflixten Worte: »Von den Russen, aus dem Russen-Magazin haben wir sie!«

Mein Onkel, der Kommunist, legte natürlich sofort los: »Ich höre immer Russen, du meinst wohl die Freunde.« – »Ja, sie meint Freunde!«, versuchte meine Tante ihn zu beschwichtigen. »Und warum wird hier dann dauernd von Russen geredet?« – »Niemand redet dauernd von Russen«, beeilte sich mein anderer Onkel zu sagen.

»Schließlich sind sie nicht freiwillig gekommen!«, bemerkte der kommunistische Onkel kühl. »Wir haben den Krieg begonnen. Sie haben uns von den Faschisten befreit. Also sind sie Freunde.« – »Ich habe keine Lust auf Nachhilfeunterricht. Und außerdem ist hier niemand blöd«, meinte meine andere Tante spitz. – »Das sollen Freunde sein, die uns erst die Apfelsinen, die für uns bestimmt sind, vor der Nase wegschnappen, um sie uns dann teuer zu verkaufen, wenn sie sich satt gegessen haben.« Mein Vater sprach langsam, aber lauter als sonst. Alle guckten erstaunt.

»Ich bestehe darauf, dass sie zumindest als Sowjets bezeichnet werden«, murrte mein Onkel. »Und ich bestehe darauf, dass wir uns vertragen. Russen, Deutsche, Sowjets, Freunde! Ruhe! Am Heiligabend wird nicht gestritten, nicht in diesem Hause. Und damit basta!« Zur Bekräftigung ihrer Worte schlug Frieda mit der flachen Hand auf den Tisch. »Die Apfelsinen sind eben einfach da, ein Weihnachtsgeschenk von Väterchen Frost«, beeilte sich meine Mutter zu sagen. Was natürlich gar nicht stimmte, denn schließlich hatten wir sie ja bezahlt ... Aber ich sagte lieber nichts mehr.

Heinrich saß in einer Wolke aus blauem Rauch und schwieg ausnahmsweise. Er hatte eine Flasche vom selbstgemachten Obstwein auf den Tisch gestellt, und Frieda war aufgesprungen, um die Kristallgläser aus der Kredenz zu holen. Alle nahmen einen großen Schluck und ich einen kleinen. Dann rollte ich mich mit Puppe Sonja in eine Sofaecke und bettete sie neben mich. Sonja im nagelneuen Winteranorak aus rotem Popeline, mit einem weißen Pelzstreifen an der Kapuze, den Onkel Alwin geschickt hatte – und dazu noch Puppenkamm, Puppenbürste und Puppenspiegel aus rosa Kunststoff. »So etwas Niedliches!«, hatten meine beiden Tanten gerufen und vor Begeisterung in die Hände geklatscht. »Was es nicht alles gibt, im Westen!« Meine Mutter hatte einen kleinen schwarzen Samtbeutel genäht für das Friseurzeug.

Es roch nach Apfelsinen, Weihnachten und Zigarrenrauch ... der Streit ebbte allmählich ab. Sacht getragen vom Duft- und Stimmengewoge trieb ich in den Schlaf. Wie Glöckchen klirrten die Gläser, wenn die Erwachsenen sich zuprosteten. Irgendwo wurde »O du fröhliche ...« gespielt. Meine Mutter summte leise mit. Ich spürte ihre Hand auf meiner Stirn, ihre Hand, die kühl war und nach Parfum roch. »Sie schläft«, wisperte sie.

Morgen würde ich ihr vom Russen-Magazin erzählen und meinem Vater auch. Denn die beiden wollten sicher wissen, wie es dort war ... Schwere Vorhänge aus rotem Samt, die Offiziere in Ausgehuniform und blitzblank geputzten schwarzen Stiefeln. Manche trugen Orden an der Brust. Die Mützen hatten sie unter den Arm geklemmt, und einer, ein ganz junger, lachte übermütig. Eine Frau mit kirschroten Lippen und einem langen schwarzen Seidenkleid sang ein russisches Lied. Es klang sehr traurig.
»Wer ist der Mann auf dem Bild?«, fragte ich Frieda im Traum noch einmal. »Welcher?« – »Der mit dem schwarzen Bart. Ist das Väterchen Frost?« – »Das ist Stalin.« – »Wohnt er auch hier?« – »Nein.« – »Wo denn?« – »In Moskau«, erwiderte sie. »Aha, in Moskau«, sagte ich ... Wir waren ganz benebelt vom betäubenden Duft, der über allem schwebte. »Rosenparfum!«, sagte Frieda. »Sie machen es aus Rosenblüten, es ist sehr kostbar.«

»Klack, klack, klack . : .« Die Verkäuferin rechnete den Apfelsinenpreis auf einer Kinderrechenmaschine aus. Blitzschnell sausten die Holzperlen hin und her. So schnell konnte ich kaum gucken.

»Karosch«, hatte sie gesagt, als sie uns die Tüte mit den Apfelsinen über den Ladentisch schob, »karosch . . .«, und dabei schüchtern gelacht.

»Karosch heißt gut«, hat Frieda mir zugeflüstert.

Und gut waren sie ja wirklich, die Apfelsinen, saftig und zuckersüß – bis in meine Träume hinein.

Gabriele Bondy

Auch der folgende Text hat mit dem zerrissenen Deutschland zu tun. Dieter Zimmer, der im westdeutschen Fernsehen Karriere machte, verfasste gleich mehrere Romane über die »wirtschaftswunderlichen Zeiten«. Seine Bücher handeln vom schwierigen Verhältnis zwischen Westen und Osten. Als Folie dafür wählte er eine Familienchronik. Ihr Held Thomas ist noch ein Junge, »zwölfeinhalb Jahre alt«, als die Mutter mit ihm über Berlin in die Bundesrepublik flüchtet, wo sie sich zunächst in Baden-Baden niederlassen. Davon erzählt das Buch »Alles in Butter«, das ebenso erfolgreich war wie der vorausgehende Band »Für'n Groschen Brause«.

Thomas, der Protagonist beider (und weiterer) Romane, kauft in einer Drogerie Weihnachtsgeschenke für seine Verwandten aus der »Ostzone« ein. Dabei erlebt er die Überheblichkeit der Westdeutschen. Der Drogist, der ihm die neuesten Errungenschaften des Wirtschaftswunders aufdrängen will, verkörpert diese Überheblichkeit besonders abschreckend.

Ja, im Jahr 1953 geht es tatsächlich »bergauf«, nur dass der Osten daran keinen Anteil hat und im Westen aus dem Weihnachtsfest so etwas wie eine Warenmesse geworden ist. Kein Wunder, dass sich Thomas nach Leipzig zurücksehnt, auch wenn dort die Transparente vom Sieg des Sozialismus künden. Die Stadt hat jedenfalls etwas Familiäres,

Menschliches und der Weihnachtsmarkt mag arm an Waren sein, dafür ist er reich an Stimmung. Man merkt den Beschreibungen des Autors an, dass er nicht nur tief hinuntergestiegen ist in die Schächte seiner Erinnerung, sondern auch sehr genau recherchiert hat. Was der Drogist im Roman als neu anpreist, war zu dieser Zeit wirklich neu, von den Fertigklößen aus der Packung (an ihrer Stelle könnte man auch die bald so beliebten Fischstäbchen erwähnen) bis zur Kukident-Haftcreme. Doch wo ist in dieser Konsumeuphorie noch Platz für das Weihnachtsfest? Gerade weil die vielen Probepackungen dem Jungen aus dem Osten ein neues Glück suggerieren, bleibt er zu Recht skeptisch:

Haftcreme unterm Weihnachtsbaum

Mit Tausenden bunter Glühbirnen und Kilometern grüner Girlanden rüstete sich die Stadt für die Weihnachtszeit. Weihnachtsmänner verteilten Handzettel mit Angeboten der »Kaufstätte« oder der »Textil-Zentrale«, und in den Schaufenstern wurde manch merkwürdiger Zusammenhang konstruiert. So warb eine Zoohandlung mit Bildern vom Stall zu Bethlehem für den Erwerb von Tieren aller Art, und ein Installationsgeschäft benutzte fast die gleichen Bilder, um deutlich zu machen, wie das Kind in der Krippe habe frieren müssen ohne Gasofen und Durchlauferhitzer. »Kaiser's Kaffeegeschäft« verkaufte »Weihnachtsbier«, und Thomas fragte vergebens herum, was an diesem Bier anders sei als nur das Etikett.

In Leipzig hatten sich die Geschäfte um diese Jahreszeit weit weniger herausgeputzt. Aber was hätten sie hinter einer Flitterfassade auch bieten sollen, wenn nicht die bekannten leeren Regale? Dennoch dachte Thomas in diesen Tagen öfter als sonst an Zuhause. An den Leipziger Weihnachtsmarkt vor allem, der arm an Waren, aber reich an Stimmung gewesen war: die hölzernen Buden vor dem herrlichen Alten Rathaus; der große Weihnachtsbaum aus dem Erzgebirge mit seinen elektrischen Lichtern; die riesige erzgebirgische Pyramide mit den holzgedrechselten Figuren; irgendwo ein verlorenes, vom Herbstregen verwaschenes Transparent über den Sieg des Sozialismus; der

Duft von Thüringer Rostbratwürsten; die weihnachtliche Musik aus Lautsprechern, die sonst die »Internationale« und sächsische Ansprachen von Ulbricht in die Ohren pumpten; die dicken Schneeflocken, die keinen Teppich bilden wollten, aber die Füße in den dünnen Schuhen nass werden ließen; die Glocken der nahen Thomaskirche; der Gesang der Thomaner, deren freitägliche Motetten in der Adventszeit noch besser besucht waren als sonst im Jahr.

Aber es war schon recht, hier in Baden-Baden zu sein. Es ging bergauf, die Mutter hatte für ihren Fleiß eine Gehaltserhöhung bekommen und sich auf 275 Mark brutto verbessert. Thomas verdiente in guten Wochen bis zu acht Mark und legte meistens mehr als die Hälfte auf die hohe Kante. Als nächste Anschaffung plante er Packtaschen für die erste größere Radtour, die er Ostern mit Joe machen wollte, und zwar nach Köln, wo der Freund ja mal gewohnt hatte. Bis dahin wollte Thomas sich auch ein Paar jener bei den Jungen so beliebten knöchelhohen Sportschuhe mit Gummisohle kaufen, die man »Tramps« nannte.

Ja, es ging bergauf, und der allererste, allergrößte Mangel war überwunden. Jeden Monat ging ein Paket an die Oma und Onkel Wolfgang nach Leipzig, dafür stellte die Mutter selbst dringende Anschaffungen hintan. Und das erste Weihnachtspaket sollte auf keinen Fall so »lumpig« aussehen wie diejenigen, die Onkel Manfred und Tante Klara in den letzten Jahren nach Leipzig geschickt hatten.

»Bitte zehn Rollen Klopapier«, las Thomas von seinem Zettel ab, »aber das weichste, das sie haben.«
»Was habt ihr denn vor?«, fragte der Drogist im weißen Kittel und äugte belustigt über seine randlose Brille.
»Für die Ostzone«, erklärte Thomas. »Ach so«, nickte der Mann, »dann verstehe ich. Dass es nicht mal das drüben gibt!« Thomas verlangte und bekam zweimal SUWA-Weiß und zweimal das neue PRIL-Pulver zum Geschirrspülen, das angeblich das Wasser entspannte. »Und dann brauche ich noch für meine Oma«, sagte Thomas, doch dann genierte er sich, den Wunsch auszusprechen, »naja, wie soll ich sagen? Sie kann manchmal nicht so richtig, verstehen Sie?«
»Ein Abführmittel.«
»Genau, ich wollte es nicht so direkt sagen.«
»Ist ja auch komisch«, sagte der Drogist, »da gibt es drüben kaum was zu essen, und dann haben die Leute auch noch solche Schwierigkeiten mit dem bisschen.«
»Ja, komisch«, bestätigte Thomas, »aber meine Oma hatte das schon vor dem Krieg. Können Sie mir ein Mittel empfehlen? Das letzte war wohl zu . . . äh . . . zu gemein.«
Der Drogist zog eine Schachtel aus einer Schublade.
»Ganz was Neues – Abführschokolade von Darmol.«
»Oh, ich glaube, so was Neumodisches will sie nicht«, wehrte Thomas ab. Der Drogist gab ihm ein anderes Präparat, drückte ihm aber die Abführschokolade als kostenlose Probe in die Hand, und Thomas kam die Idee, das Mit-

tel seinen ungeliebten Cousinen auf ihre Weihnachtsteller zu schmuggeln. Auf Thomas' Zettel stand noch dreimal »Kukident«-Reinigungspulver. Auch da gab es etwas ganz Neues, was der Drogist wärmstens empfahl, nämlich »Kukident«-Haftcreme. Thomas wollte nichts kaufen, was ihm nicht aufgetragen war, und er dachte fast ein bisschen ärgerlich: In Leipzig hat man beim Einkaufen wenigstens seine Ruhe, da drängen sie einem nichts auf.

»Tragen denn die Herrschaften, für die das Reinigungspulver ist, eine Vollprothese?«, fragte der Drogist.

»Was für'n Ding?«

»Ich meine, ob die Herrschaften ein richtiges Gebiss haben?«

»Nee, ein falsches. Deswegen schicken wir ja immer das Reinigungspulver.«

»Das meine ich ja«, versicherte der Drogist, »und diese neuartige und völlig sensationelle Haftcreme lässt die Gaumenplatte den ganzen Tag über fest am Gaumen haften.«

»Ich weiß nicht«, wehrte sich Thomas, »ob die so was Neumodisches noch anfangen wollen. Bisher haben sie sich ja auch durchgebissen.« Ihm war nicht ganz wohl bei diesem Argument, denn natürlich musste man Neues ausprobieren, wollte man nicht den Fortschritt aufhalten. Aber musste der Fortschritt ausgerechnet vom knappen Geld der Flüchtlinge finanziert werden?

»Was soll das denn kosten?«, fragte Thomas.

»Die kleine Tube kostet eine Mark.«
»Bisschen happig. Dafür kriege ich ja zwei Päckchen Kaugummi.«
»Kaugummi? Damit hält keine Prothese!«
»Meine ich doch auch nicht, war doch nur'n Vergleich.«
Thomas kaufte eine Tube und bekam eine zweite wiederum kostenlos als Probe.
Auf dem Einkaufszettel folgte eine lange Aufzählung von Ess- und Trinkbarem, Kaffee stand stets an der Spitze der Leipziger Wünsche, denn drüben kostete er bei mäßiger Qualität immer noch vierzig Mark das Pfund. Leider durfte nur ein halbes Pfund in jedes Paket. Thomas kaufte Schokolade und Weinbrandbohnen, Margarine und Milchpulver, Dauerwurst und Ölsardinen, die besonders begehrt waren, weil es drüben immer nur die gleichen »Kamtschatka-Krebse« gab. Als Neuheit wurden Thomas hier die Fertigklöße von »Pfanni« angeboten, und er verlangte zwei Probepackungen, die ihm aber nicht gewährt wurden.
»Meine Oma macht echte Thüringer Klöße«, sagte Thomas daraufhin, »der können Sie mit diesem Pappzeug da überhaupt nicht imponieren.«
Schließlich kaufte er die Zutaten für die Christstollen: Mehl und Butter, Mandeln und Rosinen, Zitronat und Orangeat sowie Puderzucker. Die Oma wollte vier Stollen backen und zwei davon nach Baden-Baden schicken. Tante Klara hat schon gemeint, sie könne hier bessere Stollen kaufen.

Aber die Mutter blieb dabei, dass ein Sachse zu Weihnachten eine Stolle von zu Hause haben müsse.

Thomas hatte ursprünglich wieder jedem etwas basteln wollen, aber Joe hatte ihn gefragt: »Was sollen die denn mit dieser entarteten Kunst? Das steht rum und verstaubt und geht aus dem Leim.«

»Meine Sachen sind noch nie aus dem Leim gegangen, das sind bleibende Werte. Und alle haben sich immer wie toll gefreut.«

»Hätten sie vielleicht sagen sollen: Du kannst den Krempel wieder zerlegen?«

Zum ersten Mal kam Thomas der Gedanke, die ganze Bastelei sei vielleicht nur eine Kindergartenmarotte, und Joe gab der Idee dann den Todesstoß: »In der Zeit, wo du mit deiner albernen Laubsäge Löcher in die Tischkante fummelst, da machen wir so viel Geld, dass du jedem was Richtiges kaufen kannst.« Thomas kaufte vom selbstverdienten Geld jedem eine Kleinigkeit. Die Oma bekam die weichen Nougat-Pralinen von Lindt, die sie so gut beißen konnte, Onkel Wolfgang eine Tube BRISK-Frisiercreme, die Großmutter Erfrischungsstäbchen und der Großvater, dem der Arzt die Zigarren verboten hatte, ein Paket Karlsbader Oblaten, die die CSSR leider nicht ins befreundete Leipzig lieferte.

Dieter Zimmer

Die bisher zitierten Texte entwerfen ein manchmal bedrückendes, trotzdem eher harmloses Bild der zweigeteilten Welt in den fünfziger Jahren. Freilich konnte die Realität auch ganz anders aussehen. In den kommunistischen Staaten, die ihren Bürgern misstrauen, gehörte die Überwachung zur alltäglichen Wirklichkeit. Wer nicht linientreu war und sich nicht verstellte, erlebte den Unrechtsstaat von seiner schlimmsten Seite. Dafür genügten bereits harmlose Anlässe. Der Aberwitz des Systems hatte furchtbare Konsequenzen. So wurde der neunzehnjährige Walter Kempowski wegen angeblicher Spionage zu fünfundzwanzig Jahren Haft verurteilt, von denen er bis zu seiner vorzeitigen Freilassung acht Jahre im berüchtigten Zuchthaus Bautzen absaß.

Kempowskis Bericht »Im Block«, der 1987 erstmals als Buch erschien, ist ein beklemmendes Protokoll der Unterdrückung. Auch Weihnachten kommt darin vor – doch der Text verweigert sich allen Hoffnungen, die wir sonst mit dem Fest verbinden. Zwar erscheint der Bischof von Bautzen »höchstpersönlich« im Zuchthaus, aber er kann weder eine Amnestie verkünden noch gibt es irgendeine Art der »Sonderverpflegung«. So sieht es an Weihnachten im Jahr 1948 aus. Drei Jahre danach mischen sich während des Gottesdienstes fremde Häftlinge unter die Sänger, um wenigstens im geschützten Raum der Kirche Informationen miteinander austauschen zu können. Die Heizungen knallen und neben den beiden großen Tannenbäumen sitzen zwei Feuerwehrleute, »eine Minimax-Spritze auf dem Schoß«. Danach kommt es zu einer Begegnung mit dem Pfarrer auf der Empore der Kirche und ein Häftling stellt ihm die entscheidende Frage: »Wann gehen wir denn eigentlich nach Hause?« Wie fast alles, was in Bautzen geschieht, bleibt diese Frage ohne Antwort.

Aus ganz ähnlichen Erfahrungen schöpft Ota Filip, der große mährische Autor, der seit 1974 in Oberbayern lebt. Er schildert seine Weihnachten in Prag am Ende der vierziger und Anfang der fünfziger Jahre. Der Vater des Autors kommt radioaktiv verseucht aus einem Straflager zurück und fällt am Heiligen Abend tot um. Ist es da verwunderlich, dass es der Erzähler in Prag nicht mehr aushält? Das Weihnachten, das er meint, hat vielleicht mehr als alle anderen hier geschilderten Weihnachtserlebnisse mit der Heiligen Nacht von Bethlehem zu tun. Dort ist kein König vom Himmel herabgestiegen, stattdessen wird ein kleines Kind in Armut und Verfolgung hineingeboren. Weihnachten und Ostern, Krippe und Kreuz gehören untrennbar zusammen.

Meine Weihnachten in Prag

Die Redaktionen haben mit uns, den Autoren, kein Erbarmen. Die deutsche »Prager Zeitung« ist in dieser Sicht keine Ausnahme. In der ersten Adventwoche wurde ich von der Redaktion in Prag aufgefordert: »Schreiben Sie für uns eine frische Erzählung über Weihnachten in Prag, einfach etwas Originelles, so wie Sie es eben zu schreiben verstehen.«
Über das Honorar stand in dem Fax – wie üblich – kein Wort.
Und jetzt sitze ich vor der Schreibmaschine und versuche wieder einmal alle Tricks anzuwenden, die wir alten und erfahrenen Schreiber auf Lager haben, damit mir etwas lesbar »Frisches und Originelles« über das heutige Prag einfällt. Es fällt mir allerdings nichts ein.
Und wie soll es auch? Ich bin kein geborener Prager, ich bin ein Mährer, eigentlich mehr als nur ein Mährer, sondern ein Schlesier, ein echter »Schlonsak«. Prag, die Stadt, in der ich nur aufgewachsen bin, ist weit, ein Vierteljahrhundert entfernt. Jetzt sitze ich in der bayerischsten Ecke von ganz Bayern, nämlich im Pfaffenwinkel zwischen Murnau und Garmisch-Partenkirchen. Links sehe ich die steil zum Hörnle steigenden weißen Alpenwiesen, rechts das verschneite Murnauer Moos. Und überall breitet sich eine echt bayerisch-sentimentale, vorweihnachtliche Stimmung aus, wie auf Bestellung des Garmisch-Partenkirchener Reisebüros für zahlungskräftige Touristen aus Preußen und Sach-

sen, aus Dänemark und Belgien, aus Holland und vor allem aus Japan organisiert, die gerade ihre Koffer packen, um unseren Pfaffenwinkel, amtlich Werdenfelser Land genannt, in der Weihnachtszeit zu überschwemmen.

Die Zeit der »stillen und heiligen Nacht« ist bei uns längst vorbei.

Ich verstricke mich immer tiefer in bayerische Geschichten, die den Leser der »Prager Zeitung« wahrscheinlich überhaupt nicht interessieren, und ich weiß nicht, wie ich jetzt zurück nach Prag und zum Prager Thema kommen soll.

Ich versuche es mit dem Umweg über Weihnachten.

Weihnachten ist auch in der Literatur immer gut, wenn es um süßlich-nostalgische Erinnerungen an die Jugend geht, um die Rückkehr in eine halb oder ganz vergessene Zeit, als unsere kindlichen Augen vor dem väterlichen Weihnachtsbaum glänzten. In der Adventszeit werden wir, Dichter nicht ausgenommen, von der vorweihnachtlichen Stimmung auf eine seltsam sanft erpresserische Art und Weise gezwungen, über die alten und guten Zeiten auch dann sentimental zu quatschen, wenn die so oft strapazierten alten und guten Zeiten mit Gewalt, mit Betrug und Verrat unsere Jugendträume einst rücksichtslos zerstört haben.

Ich wage es zu sagen: Ich werde nie mehr in meinem Leben Weihnachten in Prag feiern. Ich hasse Weihnachten in Prag. Weihnachten in Prag hatte es auf mich in den für andere schönsten Jugendjahren abgesehen.

Einen Tag vor dem Heiligen Abend 1948, ich war achtzehn Jahre alt, wurde mein Vater, wie es damals hieß ein bourgeois-staatsfeindliches, antisozialistisches Element, von der Prager Staatssicherheit verhaftet. Der elektrische Strom wurde in unserer Wohnung von den Polizisten abgeschaltet, das Telefon wurde beschlagnahmt. Die Hausdurchsuchung dauerte 24 Stunden. Am Heiligen Abend 1948 saßen wir mit meiner Mutter ohne Licht in der kalten Wohnung und heulten gedemütigt, hilflos und vor Angst um den Vater.
Sonst aber war alles, wie es am Heiligen Abend sein soll: Draußen in der Stephansgasse fiel Schnee und die Prager Glocken läuteten erhaben und feierlich.
Seit jenem Heiligen Abend kann ich das weihnachtliche Glockengeläute nicht ausstehen.
Ein Jahr später, am 24. Dezember 1949, genau um 15 Uhr – ich werde diesen Tag und die Stunde nie vergessen – wartete ich an der Ecke unter den Fenstern des Café Slavia am Moldaukai auf Marie Hole ková, eine junge Damen aus Sm chov, natürlich auch ein bourgeoises Element, die wohl Einzige, die es im damaligen proletarischen Prag noch wagte, einen Hut mit einem Schleier zu tragen. Ich war in Marie Hole ková verliebt und wollte ihr mein Weihnachtsgeschenk überreichen: ein Heft mit fünfzehn in meiner schönsten Handschrift geschriebenen, von mir höchstpersönlich gedichteten Liebesversen.

Marie kam nicht zu dem fest vereinbarten Rendezvous.
Um fünf Uhr, es fiel, wie es sich gehörte, Schnee, gab ich auf und schlenderte zur Straßenbahnhaltestelle in der Národní-Straße vor dem Nationaltheater. Und als ich erniedrigt und verzweifelt am ersten Fenster des Café Slavia vorbeiging, sah ich hinter dem Glas meine verschleierte Geliebte: Ein älterer Herr küsste ihre Hand und Marie lachte. Mein Traum von der großen Liebe zu Marie brach zusammen. Ich beherrschte mich jedoch, betrat das Café Slavia, gab der Dame in der Gardcrobe fünf Kronen, für mich damals ein kleines Vermögen, und bat sie, das Heft mit meiner Lyrik der verschleierten Damen am ersten Fenster links zu übergeben.
Am Abend rief ich Marie aus der Telefonzelle vor unserem Haus an. »Ich habe deine Gedichte in der Straßenbahn gelesen«, sagte sie. »Sie sind ein dritter Absud von Walt Whitman. Ein Dichter bist du nicht, finde dich damit ab, Ota.«
Meine Welt lag bereits in Trümmern, ich konnte nichts mehr zerschlagen, so holte ich Luft und schrie Marie an: »Was war das für ein alter Knacker im Café Slavia?«
Marie schwieg, und erst nach einer Weile sagte sie mit einer traurigen, dennoch entschlossenen Stimme: »Ota, ich muss an meine Zukunft denken. Der Herr im Café Slavia war Ivan, der Kulturattaché an unserer Botschaft in Frankreich. Wir werden heiraten und ich fahre mit ihm nach Paris, für

immer fort aus dieser verdammten Stadt! Verzeih mir und leb wohl!«
Marie hängte auf. Ich sah sie nie wieder.
Als ich die Telefonzelle verließ, läuteten die Prager Weihnachtsglocken, am lautesten die Glocke der St. Stephanuskirche gleich gegenüber. Und es fing an zu schneien. Jesus Christus, unser Retter und Herr, wurde wieder einmal geboren, und ich wurde zum ersten Mal verraten.
Zwei Jahre später, 1951, einen Tag vor dem Heiligen Abend, kam unerwartet und um drei Jahre früher der Vater aus dem Gefängnis, eigentlich aus dem Straflager für politische Häftlinge in den Uranbergwerken von Joachimsthal, nach Hause zurück. Er saß gebückt und grün im Gesicht in der Küche und wiederholte jede Minute: »Wie schön, dass ich wieder zu Hause bin!«

Am nächsten Tag fiel Vater gegen Mittag wie vom Schlag getroffen im Vorzimmer um. Kurz vor 18 Uhr, es war Heiliger Abend, war er tot. »Schwere Sache«, sagte der Arzt im Krankenhaus, »Ihr Vater war radioaktiv verseucht, man schickte ihn nach Hause, damit er nicht im Straflager stirbt. Als Todesursache muss ich aber Gehirnhautentzündung schreiben.«
Als ich mit der Straßenbahn aus dem Krankenhaus nach Hause fuhr, fiel Schnee und alle Prager Glocken läuteten. Am Kreuzherrenplatz ging es nicht weiter: Stromausfall.

Ich schlenderte durch die Prager Altstadt nach Hause. Vor mir gab es im Neuschnee keine Spuren. Über meinem Kopf dröhnten die Glocken von St. Salvator, St. Jakob und von der Teynkirche. Die Luft roch nach Frost, nach Zimt, nach panierten Karpfen und nach Tod.

Achtunddreißig Jahre später, nach der Prager sanften Revolution im Spätherbst 1989, kam ich nach zwanzig Jahren im Exil kurz vor Weihnachten nach Prag zurück. Am Heiligen Abend wollte ich an Vaters und Mutters Grab auf dem Friedhof Olšany zwei Kerzen anzünden.

Ich habe das Grab meiner Eltern nicht gefunden.

Traurig, verzweifelt und beschämt fuhr ich ins Hotel und rief meine Tante an, Vaters jüngste Schwester, damals schon über achtzig. »Weißt du, Ota«, sagte Tante Zdena, »wir haben gar nicht ahnen können, dass du einmal aus dem Exil zurückkommst, so haben wir ins Grab zu deinen Eltern auch die Verwandtschaft meines Mannes bestattet. Einen neuen, größeren Grabstein aus rotem Granit haben wir aufgestellt, er hat uns ein Vermögen gekostet, das kannst du mir glauben. Tja, und dabei passierte es eben, dass wir die Namen deines Vaters und deiner Mutter vergessen haben.«

»Man könnte jetzt nachträglich ihre Namen in den Granit meißeln lassen«, sagte ich und es gelang mir meine Wut zu beherrschen. Tante Zdena atmete schwer und sagte: »Wenn du mir und meinem Mann, also deinem Onkel, zwei Tausender zahlst, natürlich in D-Mark, dann bringen wir die

Sache mit den Namen deiner Eltern in Ordnung. Komm doch heute mit deiner Frau zum Abendessen! Es gibt Kartoffelsalat, wie ihn deine Mutter gemacht hat, und Karpfen in schwarzer Soße, wie sie dein Vater mochte. Es ist schließlich Heiligabend und die Familie gehört zusammen. Und nimm gleich die zweitausend D-Mark mit . . .«
Ich hängte auf.
Und es war zum Verzweifeln: Es fing an zu schneien. Die Glocke der St. Jakobskirche – aus dem Fenster des Hotelzimmers sah ich den verschneiten Turm – läutete als Erste in ganz Prag Christi Geburt ein.
Ich konnte es in Prag nicht mehr aushalten.
Meine Frau und ich packten unsere Koffer, bezahlten das Zimmer, setzten uns ins Auto und flüchteten in der stillen und heiligen Nacht durch halb Böhmen nach Hause, nach Bayern.

Ota Filip

Weihnachten von A bis Z

Das hätte ich nicht für möglich gehalten: In der deutschen Literatur des 20. Jahrhunderts gibt es kaum Weihnachtsgedichte. Wer eine Anthologie mit ihnen füllen will, muss auf Verse aus früheren Jahrhunderten zurückgreifen, beispielsweise auf Martin Luthers »Lobgesang von der Geburt Christi« oder auf das Weihnachtslied des Johannes Tauler, das mit den berühmten Zeilen beginnt: »Es kommt ein Schiff geladen / Bis an sein' höchsten Bord.«

Warum haben die Autoren der Moderne kaum Vergleichbares hervorgebracht, erst recht nicht in den fünfziger Jahren, diesem Jahrzehnt des Neuaufbaus und eines neu beginnenden Optimismus? War den Dichtern die Gefühlswelt von Weihnachten zu überladen, so dass sie ihr nur in ironischer Distanz begegnen mochten? Oder konnten sie mit den alten Bildern und Verheißungen nichts mehr anfangen? Viele Fragen, auf die wir keine schlüssige Antwort wissen . . .

Vielleicht sollten wir erst selbstkritisch unsere eigenen Erinnerungen prüfen, ob sie noch etwas von dem Geheimnis bewahrt haben, ohne das Gedichte über Weihnachten nur schwer vorstellbar sind. Der Verdacht drängt sich jedenfalls auf, dass die Veräußerlichung des Geburtsfestes Christi im vergangenen Jahrhundert schon sehr frühzeitig begann. In dem Maße, wie die Säkularisierung zunahm, scheint auch der Heilige Abend seinen religiös-besinnlichen Charakter verloren zu haben. Obwohl mich meine Eltern regelmäßig zum sonntäglichen Kirchgang anhielten (selbst gingen sie nur selten), wäre es ihnen nicht in den Sinn gekommen, an Weihnachten den hochtheologischen und trotzdem kindlich-wunderbaren Text des Lukas-Evangeliums im Kreis der Familie vorzulesen oder aber vorlesen zu lassen. Bereits während der fünfziger Jahre gab es offenbar eine Trennlinie. Sie verlief zwischen den Eltern, die ihre Kinder vor der Bescherung an die Nacht in Bethlehem erinnerten und mit ihnen religiöse Lieder sangen, und jenen Eltern, für die sich das weihnachtliche Miteinander im Auspacken der Geschenke und im gemütlichen Zusammensein erschöpfte. Die Sinnentleerung religiöser Feste, ihre inhaltliche Aushöhlung, ist kein plötzliches Ereignis, sondern ein langer, schleichender Prozess, der sich über Generationen erstreckt. Das zeigt sich besonders deutlich am Weihnachtsfest.

Ich habe trotzdem ein Gedicht über Weihnachten entdeckt, das unmittelbar den fünfziger Jahren entsprungen scheint, auch wenn es erst viel später entstanden sein dürfte. Dieses Gedicht stammt von Rotraut Susanne Berner, einer vielfach ausgezeichneten Illustratorin, die sich zudem auskennt in der Literatur. Die wunderschöne Anthologie »Apfel, Nuss und Schneeballschlacht«, bei der sie die Textauswahl und die Gestaltung besorgte, zeugt von ihrem thematischen und sprachlichen Gespür. Rotraut Susanne Berner ist in den fünfziger Jahren aufgewachsen. Ihr Gedicht, das so gut zu dieser Zeit passt, trägt den Titel »Weihnachten von A bis Z«. Es beginnt nach dem vorausgeschickten Seufzer »ach« mit den Äpfeln, die an den Abenden vor Weihnachten gebraten werden, und hört auf mit dem Zweifel und dem Zahnweh, nein, nicht ganz. Denn das anschließend wiederholte »ach« ist mehr als bloß ein Zeichen des wehmütigen Abschieds von Weihnachten, auch mehr als der Schmerzenslaut eines vom Zahnweh geplagten Kindes.

Denn das Alphabet, das im Gedicht spielerisch-virtuos durchdekliniert wurde, fängt mit diesem »ach« von neuem an. So weist das vermeintliche Ende auf die Wiederkehr von Weihnachten hin, auf den Kreislauf des Jahres. Zwischen dem A und dem Z des Alphabets ereignet sich aber noch etwas ganz anderes. Hier wird mit einer Vielzahl von Zauberworten die vergangene Weihnachtswelt geradezu erinnerungssüchtig heraufbeschworen. Dabei fehlt nichts, was empfängliche, dem Wunderbaren zugetane Kinder aufzählen könnten, wenn sie – längst schon erwachsen – auf die fünfziger Jahre zurückblicken würden. Nur das »Yeah!«, das wohl dem Alphabet geschuldet ist und eher zur Beatlemania der sechziger Jahre gehört, will nicht recht dazu passen:

Weihnachten von A bis Z

... ach, am Abend Äpfel braten,
backen, basteln, Christbaumschmuck!
Durch die Dämmrung eilen Engel,
Esel, Eisbärn, einsam frierend.

Fette Gänse gackern herdwärts,
heimlich im Innern ist jedermann jung,
jauchzet, jubelt, jongliert Kometen,
knistert, knetet, knabbert Konfekt.

Kinder lassen Lichter leuchten,
lauschen Liedern, lesen lange;
mollige Mädchen mahlen Mandeln,
mischen Mehl mit Marzipan.

Mit Naschwerk nahet nächtens Niklas,
netten Nachbarn, Neffen, Nichten,
Nüsse, Nougat offerierend.
Onkel, Omas packen Päckchen,

pralle Postgebäude platzen,
Paten plündern Portemonnaies,
pfänden Perlen, Pelz, Paläste –
Quanti-, Quali-, Raritäten!

Rastlos rennen Rauschgoldengel,
Schneemann, Söhne, Schwiegermütter,
Tanten, Tannen und Verwandte,
Väter, Vettern, Weihnachtsmänner.

Wünsche werden wieder wahr,
weiße Weihnacht, X-mas, yeah!
Zwischen zerdrückten Zuckerplätzchen
zuletzt Zweifel, Zahnweh – ach…

Rotraut Susanne Berner

Das ganze Arsenal der (Vor-)Weihnachtszeit ist in diesem Gedicht aufgeboten: von den Engeln bis zum Esel, der das göttliche Kind und seine Mutter nach Ägypten trägt, vom Schneemann bis zum Weihnachtsmann, wobei Letzterer gleichberechtigt neben den »Niklas« tritt. Zwei, drei Jahrzehnte später dominiert er dann nach amerikanischem Vorbild die Fußgängerzonen der Städte und die Kaufhäuser, während der heilige Bischof aus Myrna, der die Kinder liebt, fast schon aus dem öffentlichen Raum verschwunden ist. Eine seltsame Zweiteilung, die sich anfangshaft schon in den späten fünfziger Jahren beobachten lässt, wird jetzt widerspruchslos praktiziert: Der Weihnachtsmann beherrscht unangefochten die Kommerzwelt und damit die nichtreligiöse Sphäre, der Nikolaus dagegen besucht die Kindergärten oder kommt zu den religiös engagierten Familien mit kleinen Kindern.

Im Vergleich zu unserer Zeit fallen weitere Unterschiede auf: Weihnachten, wie es Rotraut Susanne Berner schildert, kennt noch die Stunden der Dämmerung, jenes allmähliche Dunkelwerden draußen vor den Fenstern – eine Stimmung, in der die schönsten Bilder wach werden. Es kennt auch noch die Stille als Vorbedingung für das Lauschen und Lesen, für die wachsende Magie der Vorbereitungszeit. In dieser Zauberwelt haben neben der Stille aber auch das Jauchzen und Jubeln ihren Platz, das Backen und Basteln. Denn die Verse des Gedichts sind geprägt von der Erfahrung der

Gemeinsamkeit und der Gemeinschaft. Dafür stehen Nachbarn, Neffen, Nichten, Onkel, Omas, Paten, Söhne, Schwiegermütter, Tanten, Verwandten, Väter, Vettern – und wahrscheinlich würden hier noch viele andere aufgezählt, wenn es das Alphabet zuließe. Ist Weihnachten in den fünfziger Jahren tatsächlich ein Fest der großen, weit verzweigten Drei-Generationen-Familien gewesen, die sich – einmal im Jahr – an den Feiertagen zusammenfanden oder wenigstens durch gegenseitige Geschenke (bis die prallen Postgebäude platzten!) ihre Verbundenheit demonstrierten? Mag sein, dass sich in der Erinnerung manches verklärt, aber als Autorin hat Rotraut Susanne Berner das Recht auf ihrer Seite: Was sie im Gedicht beschreibt, wird beim Lesen wirklicher, als es die Wirklichkeit vielleicht jemals gewesen ist.

So wirklich, dass sogar Wünsche »wieder wahr« werden. Die Betonung liegt dabei auf dem Wort »wieder«. Wenn Weihnachten vor der Tür steht, kehren auch die Wünsche zurück, die wir das ganze Jahr über verdrängt oder vergessen haben, und werden von neuem mächtig in uns. Das spüren Kinder ganz besonders. Für sie gehen in der Vorweihnachtszeit – wie bei einem Adventskalender – viele Wunschfenster auf. Sehr genau erinnere ich mich noch an den Hauptwunsch meines Bruders, wahrscheinlich weil ich ihn nicht verstehen konnte. Jahr für Jahr erbat er sich näm-

lich vom Christkind einen neuen, noch größeren Märklin-Metallbaukasten – das »lehrreiche Konstruktionsspiel für die heranwachsende Jugend«, so wurde es in den fünfziger Jahren beworben. Schon die Empfehlungen auf der zweiten Umschlagseite des Anleitungsheftes schreckten mich ab. Dort hieß es: »Mäßige den verständlichen Eifer und begnüge dich zuerst mit den einfachen Modellen. Der Übergang zu schwierigeren Konstruktionen muss langsam erfolgen, damit die späteren, eigenen Entwürfe ihre Prüfung bestehen.« Welche Prüfung? Ich schüttelte den Kopf und blätterte weiter. Die vielen Grundformen, die »auf streng technischer Basis« beruhten, verwirrten mich immer mehr, denn da gab es »lose Verschraubungen zwischen Flachband und Lagerbock« und es gab »Drehscheiben mit stehenden Wellen« oder »aufsetzbare Zahnkränze für Stirnräder«.
Einige der dargestellten Modelle erinnerten lebhaft an den Turmbau von Babel, vor allem der »Hammer-Wipp-Kran«. Spätestens beim »Streichholz-Automaten« fragte ich mich dann nach dem Sinn des Ganzen. Mein Bruder sah mich nur mitleidig an, während ich ratlos die Anleitungen studierte. Nein, ich würde es nie zum Diplom-Ingenieur bringen ... So war es dann auch! Viel lieber griff ich zu den Büchern, die ich an Weihnachten erhielt. Dabei hat es sich vermutlich um die ersten strategisch geplanten Marketingprodukte ihrer Zeit gehandelt, um eine gezielte – und äußerst erfolgreiche – Mehrfachverwertung. Damals kamen

nämlich die Naturfilme von Walt Disney in die Lichtspielhäuser, ihnen folgten fast zeitgleich Bildbände wie »Die Wüste lebt« oder »Wunder der Prärie«. Bei mir traten diese Bücher an die Stelle der Sanella-Alben: Die farbig abfotografierte Wirklichkeit begann die gemalten Illusionen zu ersetzen. Mich lockte natürlich das Abenteuer der Wildnis. Es dauerte lange, bis ich erkannte, dass auch diese Wildnis eine Illusion war und dass sie lediglich effektvoll die gezähmte Natur der Reservate wiedergab. Aber in dieser Zeit ist ohnehin alles, was ich sah, »wahr« gewesen für mich.

Sobald mein Bruder genug hatte von seinem Metallbaukasten und ich genug von den Disney-Bildern, überredeten wir unsere Eltern zu einem jener »Gesellschaftsspiele«, die zu jener Zeit auf jeden Gabentisch gehörten. Besonders eifrig spielten wir »Fang den Hut«, eine geschickte Adaption des »Mensch ärgere dich nicht«, und hofften, dass die Eltern nicht ganz bei der Sache waren. Ab und zu fiel es ihnen trotzdem auf, wenn wir die Augenzahlen des Würfels nach unseren Bedürfnissen manipulierten. So vergingen die Winterabende. Wir saßen um den Wohnzimmertisch, zwischen uns ein Brettspiel, oder versuchten, uns gegenseitig den Schwarzen Peter unterzuschieben. Das erwies sich als nicht ganz einfach, weil jeder von uns die mehrfach heimlich markierte Karte sofort erkannte. Manchmal war an diesen Abenden das Wunschkonzert im Radio eingeschaltet, manchmal holte Vater auch die alten, zerbrechlichen Schellackplatten hervor und ärgerte die Mutter, indem er ein Lied seines Jugendidols Rosita Serrano spielte. Wenn er ihr aber eine Freude machen wollte, legte er eine Scheibe mit den schwerblütigen Gesängen der Donkosaken auf. Mehr Medien existierten damals nicht für uns! Rotraut Susanne Berner kommt in ihrem Gedicht sogar ganz ohne Medien aus – ein weiterer Grund, ihren Text in den fünfziger Jahren zu verorten.

Szenerie und Figuren sind jedenfalls einer schon weit entfernten Kinderwelt entnommen. Beim Lesen spürt man die Zärtlichkeit, mit der dem längst Vergangenen noch einmal Leben eingehaucht wird. Diese Zärtlichkeit erweist sich sogar stärker als die weihnachtlichen Turbulenzen. In allem, was geschieht, ist sie anwesend: selbst wenn Onkel und Omas Päckchen packen oder mollige Mädchen Mehl mit Marzipan mischen. Gefühle wurden damals aber nicht gezeigt, schon gar nicht in der Öffentlichkeit, sie ließen sich nur erahnen aus dem, was man für andere tat – und vor allem, wie man es tat! Auf den Weihnachtsfotos der fünfziger Jahre stehen oder sitzen die gerade Beschenkten – manchmal auch die noch auf ihre Bescherung Wartenden – steif, fast abweisend nebeneinander, immer darauf bedacht, dem anderen nicht zu nahe zu kommen. Nur selten legt sich eine Hand auf die Schulter eines Kindes oder um die Hüfte einer Frau. Es ist, als dürfte man auf keinen Fall zeigen, was man doch so gerne zeigen möchte. Die zur Schau gestellte Fremdheit verrät nichts von der verwandelnden Kraft des Weihnachtsfestes: Oder passierte alles »heimlich im Innern«? Während der fünfziger Jahre gehörten Umarmungen jedenfalls noch nicht zum öffentlich demonstrierten Gefühlsrepertoire. Lieber plünderten die Paten ihre »Portemonnaies«. Dafür wählten sie den französischen Begriff, weil er vornehmer klang. Anglizismen galten hingegen als »vulgär«.

Noch bleibt ein Wort aus dem Gedicht. Es taucht ganz zum Schluss auf. Der »Zweifel« – er hat viele Stacheln, mehr als wir manchmal ertragen. Kannte ich ihn bereits in Kinderzeiten? Wahrscheinlich schon, weil mich der Tod meines Großvaters rebellisch gemacht und umgetrieben hat. Zum ersten Mal wurde mir die Endlichkeit unseres Lebens bewusst. Das Christkind aber blieb zunächst unberührt davon. Es war gewissermaßen unantastbar, schob sich vor das Jesuskind und verdrängte es sogar an dessen Geburtstag. Im Religionsunterricht verteilte die rührige Katechetin Fleißbildchen und las Geschichten aus der Schulbibel vor, deren Bilder noch ganz nazarenisch anmuteten. Trotzdem machte das Christkind einen viel stärkeren Eindruck auf uns. Wir sprangen zum Fenster, wenn es an den Adventabenden im weißen Gewand und mit einem schimmernden Reif im Haar draußen vorbeiflog. Oder wir fanden Goldfäden auf dem Boden, unverkennbare Zeichen eines himmlischen Besuches.

Die Märchenwelt, in die wir eingesponnen waren, hatte mit dem Kind in der Krippe nur sehr entfernt zu tun. Religion und Kirche – darunter verstanden wir den »Kirchenschweizer«, der mit seinem weiten Umhang aus einem früheren Jahrhundert zu stammen schien und im Gottesdienst als Aufsichtsperson einen Stab trug. Damit stieß er hart auf den Boden, wenn wir Unfug trieben. Religion und Kirche – das war für uns auch der beleibte, gravitätische Stadtpfarrer. Auf der Straße gaben wir ihm die Hand und sagten »Gelobt sei Jesus Christus«. Dann antwortete er »In Ewigkeit Amen«, bevor er den Tonfall wechselte und sich nach unseren schulischen Leistungen erkundigte.

Nein, der Zweifel gehörte nicht zum Heiligen Abend. Er meldete sich, wenn das Leben wehtat. Er wuchs auf einem anderen, dunkleren Boden. Als wir endlich den Trick mit dem Christkind durchschauten, waren wir ein Stück erwachsener geworden und spürten den Schmerz kaum noch, bis er Jahrzehnte später wiederkam.

Es gibt Feste, die sogar ihre eigene Entzauberung überstehen. Weihnachten ist so ein Fest.

Alles wird neu

Die Jahre vergehen, das Leben vergeht. Menschen verlassen diese Welt. Mit ihnen entschwinden auch die geliebten Dinge, die uns unaufdringlich begleitet haben und so etwas wie eine vertraute Umgebung garantierten. Selbst die Landschaften verändern sich.

In den fünfziger Jahren waren die Hänge rund um die kleine schwäbische Stadt, in der ich aufwuchs, noch voller Streuobstwiesen gewesen. Im Sommer pflückten wir zuerst die Kirschen und Mirabellen, dann bedienten wir uns bei den Zwetschgen und ganz zuletzt bei den Äpfeln und Birnen. Nur erwischen durfte uns niemand. Die Aufsicht über die Fluren übte ein Feldhüter aus, ein einarmiger Kriegsinvalide im jägergrünen Anzug. Den ganzen Tag wanderte er durch die Gemarkungen, gestützt auf seinen Stock. Für uns war er viel zu langsam – die noch langsameren Bagger aber waren es nicht. Mit ihren großen Schaufeln rissen sie ein Loch nach dem anderen in die Hänge ringsum. Kurz vor Weihnachten, als es zu schneien begann, merkten wir dann, dass wir unsere Schlittenabfahrten verloren hatten. Sogar die Lindenallee wurde von den Arbeitern abgeholzt. Auch der Feldhüter kam nicht wieder. Stattdessen entstanden jetzt überall lächerlich kleine Häuschen und Siedlungen im immergleichen Raster. Die Heimatvertriebenen, wie sie noch heute genannt werden, brauchten Wohnraum und die jungen, zukunftsgläubigen Familien ebenfalls.

Plötzlich verlor das Alte an Ansehen und Wert, alles wollte neu werden. Nein, man ging in den späten fünfziger Jahren nicht sehr sorgfältig um mit den Schätzen der Vergangenheit. Selbst die kleinen, ererbten Kostbarkeiten wurden achtlos entsorgt. Nach jedem Hochamt, erst recht an Weihnachten, führte ich die Heilige Messe noch einmal auf. Dazu verfügte ich über alle notwendigen Sakralgeräte im Miniaturformat: von den silbernen Kännchen für Wasser und Wein bis zu den Leuchtern und zum Tabernakel mit dem Kelch, dessen bunten Glassteine im Sonnenlicht leuchteten. Sogar eine Stola legte ich an und die Schelle klingelte so durchdringend wie bei der Wandlung in der Pfarrkirche.
Die liebevoll gestalteten heiligen Gegenstände – Spielzeug und doch kein Spielzeug! – stammten noch aus der Zeit der Großeltern und sollten, das war ihr eigentlicher Zweck, die geistliche Berufung des Jungen fördern. So kniete ich nieder vor dem Altartisch und versuchte mich in der Weihnachtsliturgie mit einem verballhornten Latein. Meine Mutter, die manchmal zuhörte, tat so, als würde sie diese seltsame Kirchensprache verstehen. Vermutlich fiel ihr das leicht, weil sie das sonntägliche Latein des Pfarrers eben-

falls nicht verstand. Andächtig breitete ich mit dem Rücken zum nicht vorhandenen Volk die Arme aus. Dabei blickte ich auf das wächserne Christkind, das mich von der Anrichte herab segnete. Später habe ich eine Geschichte darüber geschrieben, wie dieses Christkind plötzlich verschwand am Ende der fünfziger Jahre. Ganz nebenbei, von mir erst viel später bemerkt, verschwanden auch die liturgischen Utensilien meiner Priesterträume.

Die Geschichte vom verlorenen Christkind

Weihnachten war nicht plötzlich da. Der Zauber des Festes begann schon lange vorher zu wirken. Die Erwachsenen hatten ein geheimnisvolles Wort dafür: Advent. Im Advent wurde es draußen stiller. Oder bildeten wir uns das nur ein? An den kalten Abenden schien sich der Himmel noch weiter von uns zu entfernen. Dann tröstete das Licht der Kerzen auf dem Adventskranz. Daheim wurden jetzt Geschichten vorgelesen und aus dem Radio kamen feierliche Lieder wie von einem fremden Stern.

Im Advent fiel der Schnee in nassen, rasch vergehenden Flocken. Wenn er trotzdem liegen blieb, hielt es uns nicht mehr zu Hause. Nie habe ich so leidenschaftlich Fußball gespielt wie auf diesem Schnee. Er ließ den Ball noch schneller rollen als sonst. Plötzlich gelangen uns traumhafte Pässe. Wir spielten leicht und fröhlich. Es störte uns nicht einmal, wenn die Markierungen der Tore im Flockenwirbel verschwanden.

Dichter Schnee lag auch im Schaufenster der Konditorei am Oberen Markt. Über Nacht war dort eine weiße Landschaft aus Zucker und Watte entstanden. Auf Josef und Maria wartete in dieser Landschaft ein weiter Weg. Sie gingen so klaglos und vertraut nebeneinander, als wären sie bereits seit Jahrzehnten verheiratet.

Jeden Morgen im Advent, wenn wir noch schliefen, schob jemand das heilige Paar ein Stück weiter. Auf diese Weise näherte es sich ganz allmählich dem Stall von Bethlehem. Mit seinen Wänden und dem Dach aus Lebkuchen glich er einem Hexenhäuschen.

Staunend betrachteten wir den schrecklichen Wolf im Tal, der nach den Schafen schnappte, ohne jemals eines von ihnen zu fangen. So deutete bereits der Advent den weihnachtlichen Frieden an. Ab und zu verirrte sich auch ein Schokoladennikolaus in die biblische Szenerie und wurde dann aus dem Schaufenster wegverkauft.

Mehr als alles andere gehörte zu unserer Adventszeit ein Christkind aus Wachs. Seine rechte Hand hatte es segnend erhoben, während es in der linken einen goldenen Apfel mit Kreuz hielt. »Das ist die Weltkugel«, sagten die Erwachsenen, doch ich konnte mir nichts vorstellen darunter.

Am besten gefiel mir die Krone, die auf dem Lockenhaar des Knaben saß. Im Licht der Kerzen schimmerten ihre goldenen Zacken und die Steine aus rotem Glas funkelten. Das Christkind war vor langer Zeit, auf welchem Weg auch immer, in unsere Familie gekommen. Seitdem holte es die Mutter zum ersten Advent aus seiner dunklen Schachtel und stellte es für alle sichtbar auf die Anrichte.

Wie das so ist bei alten Dingen: Im Laufe der Jahre waren der Brokatmantel und die seidenen Unterkleider des Christkindes etwas löchrig geworden. Selbst seine blondge-

lockten Haare wurden immer dünner. Unter der Krone zeigten sich bereits kahle Stellen. Deshalb beschlossen die Eltern, das Christkind restaurieren zu lassen. Prachtvoller denn je und unter einem Glassturz sollte es dann zu uns zurückkehren.
Aber es kam nicht mehr heim. Irgendwo auf dem Transportweg ist das Christkind für immer verschwunden oder es wurde von einem Sammler beiseitegeschafft, der schon damals seinen Wert erkannte. Jedenfalls blieb der Platz auf der Anrichte in diesem Advent und in allen darauf folgenden leer.
Mir war, als hätte ich dadurch mein eigenes Christkind verloren. Von nun an begann ich genauer nachzufragen und weigerte mich standhaft, den weihnachtlichen Wunschzettel wie in den Jahren zuvor auf das Fensterbrett zu legen. Wer sollte ihn dort noch abholen? Ich wurde ungläubig, wie es nur ein Kind werden kann.
Es dauerte lange, bis ich wieder an den Retter glaubte, der klein und hilflos in die Welt gekommen war. Ein Armer unter den Armen, kein König im wertvollen Gewand und mit einer Krone ...
Viele Jahre später entdeckte ich in einem Münchner Antiquitätengeschäft ein Christkind, das unserem glich wie ein Zwilling. Sogar der Brokatmantel war genauso zerschlissen und die Krone saß ein wenig schief auf den verblichenen Locken.

Beinahe hätte ich die überraschend günstige Figur erworben, doch dann zuckte ich zurück. Denn das wäre mir wie ein Betrug an meinen Erinnerungen vorgekommen.
Was vergangen ist, lässt sich nicht so einfach erneuern und schon gar nicht zurückkaufen ...

Erich Jooß

Das Inventar für die »Kindermesse« ist – ähnlich wie das Christkind – nie mehr aufgetaucht. Es existiert nur noch in meiner Erinnerung und vielleicht noch in Antiquitätengeschäften, die darauf spezialisiert sind, die nostalgischen Sehnsüchte der Erwachsenen zu befriedigen. Doch die künstlich wiederhergestellte Vergangenheit hat den Geschmack der Enttäuschung – und der Selbsttäuschung. Immer wieder muss ich auch an das Weihnachtsgeschenk denken, das ich meinem Vater so gerne unter den Christbaum gelegt hätte. Aber dann war es mir doch zu teuer gewesen: ein Bierkrug mit dem Charakterkopf von Nick Knatterton; aus dem Mund des Detektivs hing die unvermeidliche Pfeife und die »Schiebermütze« im Schottenkaro bildete den Deckel des Kruges. Stattdessen schenkte ich meinem Vater, der sonst nie ein »richtiges« Geschenk bekam, einen günstig erworbenen Heimatroman von Ganghofer. Als er ihn aufschlug, blickte er mich seltsam an und sagte nichts. Heute meine ich: Nicht nur in dieser Situation, als ich seinen literarischen Geschmack so schmählich unterschätzte, ist Schweigen vernünftiger gewesen als Reden. Manchen Geschenken, die schon bald nach den Feiertagen in irgendwelchen Schachteln beiseitegeräumt wurden, trauerte zu Recht niemand nach. Der Verlust anderer Geschenke ließ sich dagegen nie mehr heilen. Das galt für die umfangreiche Erzählung – fast ein Roman! – »Tecumsehs Tod« von Fritz Steuben, die mich an die großen Seen entführte und mit ihren Stahlstichen wie aus einer weit entfernten Zeit zu mir herüberschaute; es galt aber auch für den tragbaren Phonokoffer mit eingebautem Lautsprecher. Endlich konnte ich meine Vinylplatten abspielen, die Singles aus der Hitparade von Radio Luxemburg und aus dem »Schlagerbarometer« des Bayerischen Rundfunks, das damals noch zweigeteilt war, mit gesungenen und instrumentalen Hits im Wechsel.

Solche Weihnachtsgeschenke sind genauso in unserem Gedächtnis deponiert wie die Küchengerüche jener Zeit, nach Rouladen und Gulasch an den Sonntagen und nach Einbrennsoßen mit Kartoffeln an den Werktagen. Gegen Ende der fünfziger Jahre aber begannen sich diese Gerüche zu verändern. Die ersten Gastarbeiter – Italiener und Jugoslawen – machten jetzt Lokale auf und der bis dahin verpönte Knoblauch wehte auf einmal durch die Gassen der Altstadt. Noch mehr veränderte sich die Welt, als das Wirtschaftswunder alles umkrempelte. Was man sich leisten konnte, wurde auch angeschafft. Der soziale Status ließ sich an den materiellen Besitztümern ablesen. Zuerst waren es die kleinen, später die großen Autos. Damals standen wir am Weihnachtsmorgen hinter dem Vorhang und sahen unseren Nachbarn dabei zu, wie sie ihre Weihnachtsanschaffung – ein Goggomobil – feierlich in Besitz nahmen. Zuerst kletterten die Kinder auf die Rückbank, danach nahm die Frau

Platz auf dem Beifahrersitz und schließlich klemmte sich der Mann, der ein Riese war, mühsam hinter das Steuer. Auf unerklärliche Weise verschwanden alle in dem Autozwerg und tuckerten gemächlich mit ihm davon. Bis auch die Frauen den Führerschein ganz selbstverständlich erwarben, dauerte es freilich noch. Aber schon bald darauf genügte ein Goggomobil nicht mehr als Weihnachtsüberraschung. Davon erzählt Rudolf Hagelstange, wenn auch satirisch überspitzt. Weihnachten wird jetzt, am Ende der fünfziger Jahre, aus der Perspektive eines Profiteurs beschrieben. Dieser Manager des Wirtschaftswunders, der hier recht hemdsärmelig über Weihnachten räsoniert, ist äußerlich reich geworden – und gleichzeitig innerlich verarmt. Wir können ihn nicht bewundern, wir sollten ihn eher bemitleiden.

Festtagsmonolog des Managers

Sehr mäßig. Überaus mäßig. Aber ich hatte ja gleich das Gefühl: Bleib bei der alten Marke. Was man kennt, das kennt man. Das ganze Getue mit den Festartikeln ist doch nur Absatzrummel. Der Fest-Kaffee, die Fest-Gans. Na ja, und die Fest-Zigarre. Kostet 1,20 Mark das Stück. Siebzig Pfennig die Zigarre, fünfzig das Fest. Ärgerlich. Aber ich wusste es ja. Deshalb ärgert's mich ja so.

Merkwürdige Sache, so'n paar Festtage. Bis unter den Weihnachtsbaum wird gejagt und gehetzt. Dann heißt es: Feiern! Nicht bloß ausruhen, Feierabend machen, nee: richtig feiern, stillsitzen mit dem Hosenboden und die Seele fliegen lassen. Festfreude! Freude allein tut's nicht. Festfreude muss es sein. Wie mit der Zigarre.

Könnte ganz hübsch sein; ist sogar ganz hübsch. Aber es könnte noch hübscher sein, wenn diese dumme Vorfeierei nicht wäre. Erst am 19. die Weihnachtsfeier im Werk, mit zwei Monster-Tannenbäumen. Dann am 20. das Weihnachtsessen im Klub. Mit Edeltanne. Am 21. Die Bescherung im Waisenhaus. Einfache Tanne. Am 22. dann Anstandswauwau bei der Konkurrenzweihnachtsfeier gespielt. Wieder zwei Monster-Tannen. Am 23. – was war am 23.? Nee, da war nichts. Wieso war am 23. keine Weihnachtsfeier? Kaum zu fassen.

Offenbar bin ich dadurch ganz aus der Übung gekommen, Festfreude zu entwickeln. Oder warum sagte Hiltrud gestern plötzlich so pikiert: Kannst du dich denn gar nicht mal'n bisschen mehr freuen!? Sie hat immer noch die Bühne im Kopp. Da lernt man sogar das Heulen und Zähneklappern.

Ich wäre ja am liebsten in den Schnee gefahren; und der Junge auch. Ganz raus aus der Gewohnheit! Aber die weibliche Seele nistet im Heim. Soll sie. Haben's gemütlich. Sehr gemütlich sogar – bis auf die paar neuen Bilder, die ich dem neuen Malerfreund von Trix abkaufen musste. Mag die Abstrakten nicht. Nicht Fisch, nicht Fleisch. Sparen sogar mit der Farbe – aus Wahrheitsliebe angeblich. Aber an mein Chefporträt für das Werk traut er sich nicht ran. Spricht aber offenbar an bei meinen Damen.

Aus is'se. Man soll beim Rauchen nicht zuviel denken. Man sollte drei Tage überhaupt nicht denken. Das erholte! An nichts denken! Keine Bilanz, keinen Auftrag, keine Reise, keinen Geschäftsbesuch. Auch nicht an Zigarren. Ich sollte überhaupt nicht mehr rauchen. Es ist die pure Nervosität. Vor allem nicht so mäßige Sorten.

Ich könnte mit Schwunghammer telefonieren – der würde sicher aushelfen. Oder zu »Hammelschotten« fahren und mir dort ein paar mitnehmen. Ein kleines Pils könnte auch nicht schaden. Es spitzt den Appetit an für den Truthahn.

Gans wäre mir eigentlich lieber gewesen. Aber Gans ist zu bürgerlich, meint Hiltrud. Wenn der Chauffeur Gans isst, muss der Chef mindestens Kapaun essen, sonst ist die so-

ziale Marktwirtschaft nicht in Ordnung. Sonst ist das kein Festmahl. Magenerweiterung als Standesmerkmal. Wie lange kämpfe ich schon um Grünkohl mit Brägenwurst. Ich werde mal mit Ottos Frau reden. Sie werden ja nicht immer Gans essen.
Wer bloß die vielen Bücher lesen soll. Na, mir soll's gleich sein. Immerhin: drei Tage keine Zeitung; da steckt eine echte Chance für unsere Literatur. Vielleicht nehme ich mir den Bestseller mal vor, von dem sie alle tuscheln. Mir scheint, die Geschmäcker ändern sich sehr. Ich habe keine Zeit dazu, meinen Geschmack zu ändern. Man wird auch älter ...
Wie war's eigentlich vor dreißig Jahren? Das muss man schon sagen: Welches Wunder – durch Gottes Fügung. Jung war man ja noch, jung, hoffnungsvoll und aussichtslos. Ohne es zu wissen, 1949 war es hoffnungslos, aber aussichtsreich. Auch ohne es zu wissen. Das Leben hat seine Tragik. Wenn man sich endlich in die Lage versetzt sieht, aufzubauen, baut man schon ab. Oberleutnant am Westwall möchte ich nicht wieder sein, aber erst 25 schon. Am besten 45 in heutiger Position. Das wäre ein guter Kompromiss.
Ich werde Emmelmann heute Abend mal anrufen, gutes Fest wünschen und so weiter. Und dann nach diesem komischen Sanatorium fragen. So beiläufig. Ehe ich Mitte Januar nach drüben fliege, sollte ich zehn Tage ausspannen. Auf lactovegetabiler Grundlage. Trennkost, Weizengel. Ein

bisschen Entfettung. Kleine Blutwäsche. Auch der Körper verschmutzt, nutzt sich ab. Das bisschen Festfreude kann das auch nicht schaffen.
Immerhin. Man soll's nicht schmähen. Die Sache mit dem kleine Pils und einer besseren Zigarre ist nicht schlecht. Bewegung schadet auch nicht. Man kann nicht immer im Sessel sitzen und Festfreude mimen. Man muss sie auch haben können! Ich werde mal mit Otto telefonieren, ihn fragen, ob er für ein Stündchen zu haben ist oder ein gutes halbes? Soll mich zu »Hammelschotten« fahren.
Netter Kerl, dieser Otto. Sein Festtag ist mir natürlich heilig. Aber ein knappes Stündchen? Kriegt 'nen blauen Schein extra. Na ja, den Leuten geht's ja nicht schlecht. Immerhin – ich möchte nicht Chauffeur bei mir sein.

Rudolf Hagelstange

Noch sind uns die fünfziger Jahre des vorigen Jahrhunderts sehr nah, manchmal sogar schmerzhaft nah. Vielleicht werden Historiker eines Tages trotzdem feststellen, dass sich in diesen Jahren ein unerhörter Bruch vollzog. Auf den Trümmern des Zweiten Weltkriegs entstand eine völlig neue Welt, die alles Alte – in Schalen, eine nach der anderen – abzustreifen begann. Das geschah nicht von heute auf morgen. Es brauchte Zeit und der Prozess der Veränderung dauert immer noch an. Deshalb sind die fünfziger Jahre noch nicht zu Ende. Kalenderzeiten und geistige Epochen lassen sich nur selten zur Deckung bringen. Dies zeigt sich bis hinein in die anhaltenden familienpolitischen Diskussionen, in das geschlechterspezifische Rollendenken und in die Spielwelten der Kinder. Auf eine erstaunliche Weise bleibt das Weihnachtsfest davon kaum beeinflusst. Seinen Zauber und sein Geheimnis hat es durch alle Krisen der Säkularisation hindurch bewahrt. Was sollten auch zehn Jahre der fortschreitenden Ernüchterung gegen eine zweitausendjährige Heilsgeschichte ausrichten? Im Blick auf diese Geschichte kann die Art, wie wir damals Weihnachten gefeiert und uns vielleicht sogar an der weihnachtlichen Botschaft vergangen haben, kaum mehr als eine Fußnote sein. Aber, so ist zu hoffen, wenigstens eine originelle Fußnote, die auch ein Buch über das Weihnachtsfest in den fünfziger Jahren rechtfertigt ...

Rudolf Hagelstange schildert in seinem satirischen Monolog die Innenansicht einer Managerseele. Dabei ist die Tonlage der Resignation unverkennbar. Was hat man alles erreicht im Wirtschaftswunderland? Doch obwohl die Karriereleiter steil nach oben führte und das neu gewonnene Prestige zur Überheblichkeit verleitet, wächst mitten im Überfluss die Sehnsucht nach dem Einfachen: nach Grünkohl beispielsweise oder nach einem kleinen Pils. Im neuen Jahrzehnt – den sechziger Jahren – werden dann die Fragen bohrender. Der Glanz der sozialen Marktwirtschaft beginnt abzublättern. Die Scheinwerfer richten sich nicht nur auf die Herren, sondern auch – wie schon bei Rudolf Hagelstange – auf ihre Chauffeure. Wer will, kann selbst dafür Anschauungsunterricht bei der biblischen Weihnachtsgeschichte nehmen. Denn diese ist bekanntlich eine Geschichte der kleinen Leute.

Der Monolog des Managers kreist fast ausschließlich um die neuen Statussymbole. Eine einfache Tanne tut es nur noch bei der Bescherung im Waisenhaus – für die Weihnachtsfeier im Werk braucht es dagegen schon Monster-Tannenbäume und für das Weihnachtsessen im Klub selbstverständlich eine Edeltanne. Selbst die Kunst dient bloß der Dekoration. Auch wenn der Manager mit der abstrakten Malerei, die gerade en vogue ist, nichts anzufangen weiß, werden die ungeliebten Bilder trotzdem daheim aufgehängt und stören so die mühsam genug erarbeitete Gemütlichkeit. Nicht einmal vor dem Festtagsbraten macht die neue soziale Rangordnung Halt. Für den Chef ist nämlich eine Gans »zu bürgerlich«, da muss es mindestens ein Kapaun sein, besser noch ein Truthahn. Beim Nachdenken über Weihnachten stolpert der Manager von einer Verlegenheit in die andere. Er fürchtet sich vor der zeitungslosen Zeit (die Sonntagszeitungen sind noch nicht erfunden!) und kennt auch kein Buch, das ihn interessieren würde. »Das Leben hat seine Tragik« – aber bei dem Manager, den Rudolf Hagelstange schildert, ist die Tragik längst schon in eine Farce umgeschlagen. Aus diesem Chef der Wirtschaftswunderzeit spricht nur noch die Hilflosigkeit, die Leere. Erst der Schlusssatz reißt den Nebel der Selbstbeweihräucherung auf und deutet einen Katzenjammer an, der fast zwangsläufig eintreten muss, wenn man ein Fest (und die Welt) so ruiniert hat: »Ich möchte nicht Chauffeur bei mir sein.«

Rudolf Hagelstange nutzt das Recht der Übertreibung, das jedem Satiriker zusteht. Sein Spott gilt weniger dem Weihnachtsfest als den Menschen, die aus ihm einen Albtraum gemacht haben. Oder ist es nicht eher so, dass gerade an Weihnachten – wie sonst an keinem anderen Tag des Jahres – die Wahrheit zum Vorschein kommt? Auch die Wahrheit unseres eigenen Lebens ...

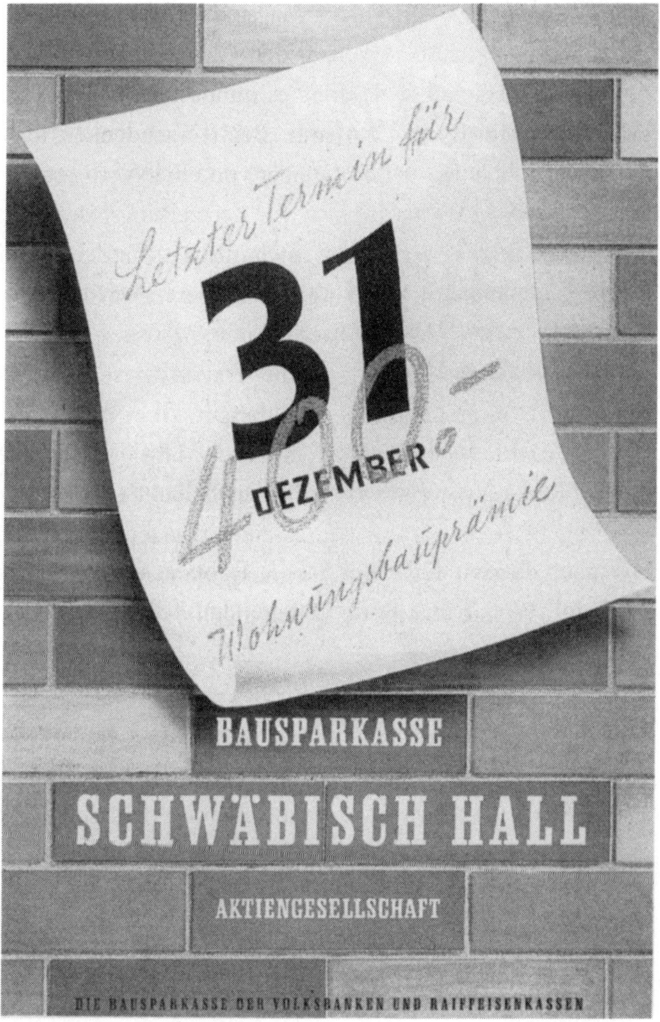
Letzter Termin für
31
DEZEMBER
400,-
Wohnungsbauprämie
BAUSPARKASSE
SCHWÄBISCH HALL
AKTIENGESELLSCHAFT
DIE BAUSPARKASSE DER VOLKSBANKEN UND RAIFFEISENKASSEN

Literatur

Unter den zahlreichen Büchern über die fünfziger Jahre waren die folgenden beim Schreiben dieses Buches besonders hilfreich:

Rüdiger Dingemann und Renate Lüdde, Deutschland in den 50er Jahren, Das waren noch Zeiten!, C. J. Bucher GmbH, München 2006

Rainer Eisfeld, Als Teenager träumten, Die magischen 50er Jahre, Nomos Verlagsgesellschaft, Baden-Baden 1999

Hermann Glaser, Die 50er Jahre, Deutschland zwischen 1950 und 1960, Ellert & Richter Verlag GmbH, Hamburg 2005

Edgar Wolfrum, Die 50er Jahre, Kalter Krieg und Wirtschaftswunder, Wissenschaftliche Buchgesellschaft, Darmstadt 2006

Quellenverzeichnis

Rotraut Susanne Berner, Weihnachten von A bis Z, aus: Apfel, Nuss und Schneeballschlacht. Copyright © 2001 Gerstenberg Verlag, Hildesheim

Gabriele Bondy, »Ein Weihnachtsgeschenk von Väterchen Frost«, aus: Horch, was kommt von draußen rein ..., Himmlische und irdische Botschaften zur Weihnachtszeit, hrsg. von Brigitte Rambeck, Deutscher Taschenbuch Verlag GmbH & Co. KG, München 2006 (Copyright für die Geschichte bei der Autorin)

Manfred Eichhorn, »Mein Heiliger Abend« aus dem Buch »Hennadäpper oder: Als die Wachter Hedwig den Regenwurm verschluckte« von Manfred Eichhorn © Silberburg-Verlag, Tübingen

Ota Filip, Meine Weihnachten in Prag, aus: Ota Filip, Das andere Weihnachten, Mährische Geschichten © 2004 by LangenMüller in der F. A. Herbig Verlagsbuchhandlung GmbH, München

Rudolf Hagelstange, Festtagsmonolog des Managers, aus: Rudolf Hagelstange, Und es geschah zur Nacht ..., List Verlag, München 1978 © Erbengemeinschaft Rudolf Hagelstange

Erich Jooß, Das verlorene Christkind / Schluss mit Weihnachten © beim Autor

Marie Luise Kaschnitz, Alle Jahre wieder, aus: Marie Luise Kaschnitz, Gesammelte Werke in sieben Bänden. Vierter Band, © Insel Verlag Frankfurt am Main und Leipzig 1983

Conrad H. v. Sengbusch, »Heiligabend 1953 auf der Werft« aus: Ursula Richter, Gudrun Reher (Hg.). Das große Rowohlt Weihnachtsbuch Copyright © 1999 by Rowohlt Taschenbuch Verlag GmbH Reinbek bei Hamburg

Laura Waco, Von Zuhause wird nichts erzählt, Eine jüdische Geschichte aus Deutschland, P. Kirchheim Verlag, München 1996

Dieter Zimmer, Alles in Butter, Scherz Verlag, Bern und München 1982, © beim Autor

Abbildungsnachweis

S. 10: © BMW press; S. 34 u. 35: © bei Erich Jooß; S. 58 u. 93: Deutsches Historisches Museum Berlin; S. 72: © Wolfgang Bortlik; S. 116: Unilever Deutschland GmbH; S. 155: Bausparkasse Schwäbisch Hall AG

Anmerkung des Verlages:

Wir danken den Verlagen und Rechteinhabern für die Erteilung der Abdruckgenehmigungen. Bei einigen Texten und Abbildungen war es trotz gründlicher Recherchen nicht möglich, die Inhaber der Rechte ausfindig zu machen. Honoraransprüche bleiben bestehen.